活泼生机会庄子

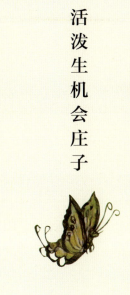

吴聪灵 著

图书在版编目(CIP)数据

活泼生机会庄子 / 吴聪灵著. -- 南京：东南大学出版社,2021,6

ISBN 978-7-5641-9496-3

Ⅰ.①活… Ⅱ.①吴… Ⅲ.①道家 ②《庄子》-研究 Ⅳ.①B223.55

中国版书图书馆CIP数据核字(2021)第063821号

活泼生机会庄子
Huopo Shengji Hui Zhuangzi

著　　者	吴聪灵
责　　编	张丽萍
出版发行	东南大学出版社
出 版 人	江建中
地　　址	南京市四牌楼2号
邮　　编	210096
网　　址	http://www.seupress.com
电子邮箱	press@seupress.com
经　　销	全国各地新华书店
印　　刷	南京艺中印务有限公司
印　　张	14
开　　本	700mm × 1000mm 1/16
字　　数	168千字
版　　次	2021年6月第1版
印　　次	2021年6月第1次印刷
书　　号	ISBN 978-7-5641-9496-3
定　　价	119.00元

本社图书若有印刷质量问题，请直接与营销部联系。电话：025-83791830

引序

行道有生机

郑丽勇（南京大学新闻传播学院教授）

聪灵，聪且灵也。相识多年，亦师亦友。聪灵非常人，其文亦言"依稀记得我是一团光"。此非常人之际遇，或只能以俗话常用的"慧根深厚"称之。聪灵在中文国学方面有很深的造诣，多年来，常就国学之乎者也的问题向她请教，受益多多，常因之感叹天之厚赐。今受邀为其大作作序，颇惶恐，盖因至今未读庄子。又因盛情难却，故随笔一二，以之为序。

近年来，常与三五好友谈古论今，借微信群"读书慧"各抒己悟。前日余受一短文启益感悟中国国学之儒释道皆应于俗话之"天时、地利、人和"，故曰："少年学儒为人和，中年悟道得地利，老来修空应天时。"其言有三层意义。一是儒释道的次第，少年只宜学儒，盖无力悟道，更难以知空。二是儒释道作为中华国学三派，各成体系，各有偏重。儒家的"仁义礼智信"重心在为人处世，教人如何做一个"社会人"，是为了"人和"。道家的渊源起自《易》，老子读《易》而作《道德经》，《易》过于广博深奥，圣人得其一二而作《道德经》并传于世。其用在于当世，顺势而为，保己修身。道人常以风水度人，此地利也。释家非原创于中华，而兴于中华，有其因果。释家要义在"空"，故有行者悟空。此空非空气之空，因空气有物非空。《心经》曰："色不异空，空不异色，色即是空,空即是色。"千年难解。因为《心经》不是讲现世,没办法用现世的逻辑去解释。人和可为,地利可得,而天时只可"应"之,因天时如如不动,《阴符经》通篇就讲如何应天时。三是国学三家互有融合,你中有我,我中有你。故儒家说仁,道家说善,释家说慈,指向同一。三家的修行各有侧重,儒家修心,守其中正。道家修命,清静无为,释家修性,观其自在。无论高低,各有所为。

庄子者,与老子一脉。老子著《道德经》,而庄子以其一生成就《道德经》。故聪灵云:"读庄子,读的不是句读典故逻辑思维,是一种生命状态。"知道难,得道更难,行于道则为圣,此庄子也。《活泼生机会庄子》非聪灵所著,而是其所见、所思、所活。其中生机活力益然,有医生、有猫咪、有首善、有侄女、有六味散,还有万花筒……遍及生命的各个角落。读其书,心自松。我喜欢她的诗,"我不说话,和树木并肩站着,让风吹"。对不起,我说了很多,现在不说了,一起站着,让风吹。

落地，生莲

唐乙菁（七音茶导师）

初识聪灵，是在2014年春天，因一公益活动筹备与她相识，只知她是记者出身，是南京知名媒体人。端庄淳朴且温婉有爱，是她给我的第一印象。

当时为节约公益活动费用又于她处借器材，均耐心给予帮助；间或看到她在公众媒体上的文字，非常钦佩，不是因为文笔本身，而是文字背后隐约窥见她那纯净的灵魂，她看待事物的维度，以及她敢于面对自己内在的勇气。比如被《见字如面》报道的她写给范美忠的一封信"我是这个社会中的一员，并欠你一个道歉"，让我深深震撼！

再见聪灵，听闻她要出书，并不意外。文字表达她是信手拈来，若不是她对自身想要传递讯息之意义的高标准，以及她天生对现实名利的淡薄，她完全可以成为市面上流行的高产畅销书作家。

应邀写序，受宠若惊。《活泼生机会庄子》，单看书名就让人很想一探究竟。都知晓经典是圣贤之言，智慧之言，说到底，人有肉身就脱离不了油盐柴米，圣贤的智慧如何落地服务于人的现实生活，并激发创造性？书中看她"与树为友"，探询"为谁燃灯"，又这般看待"饺子里的钱"，犹如充满画面感的电视散文，又似老友在耳边娓娓叙说。她的文字和我的身心之间，没有距离。

那日小聚，我们一同做饭品茶，即兴哼唱。交对了朋友，是多么快乐的一件事！我问她："你认为我是精明还是单纯？""你既精明又单纯",她不假思索地答道！

如果说,孩童的单纯多少伴随着无知,那么,历经岁月洗礼回归的简单,则是清澈而明白、自在亲和、活泼且智慧的。我眼中的聪灵正是如此。她当记者做策划、干公益设计培训课程……她涉业宽泛而不被社会身份束缚。她弹古琴、喜声乐、爱茶品茶且擅鉴茶,懂心理,与她相处皆能感受其平和自然,是我眼中不折不扣的生活艺术家！

"我是昨日的你,你是明日的我,无有高下,都是轮流着玩"（《万物生》）——万物各具特质,无可比性,比如雄鹰与小鸟,各有各的自由与幸福。人也一样,理当活出千姿百态。

"万物死过千百万次,还没活够

我活过千万万次,这回爱够

爱过的我,不死

我是爱,活在万物里

当万物光照彼此,我是每一样,也是你

你是一粒光,从天上来"

这是怎样的一种体验？读到这里,我身体发热,头顶似有一道光直泄灌入,眼眶竟在此刻湿润。这是否是一种无分别的灵魂共振,我不清楚,只是静静体会这珍贵的刹那……

深深地祝福,如我般幸运的你。

愿读到此书的你我,都能活出一道光,此生爱够。

落地,生莲。

像树，像鱼，又像风

郑晶心（江苏《风流一代》杂志社编辑部主任）

"和树说话，始自少时。心里有话要溢出来时，就到屋后的河堤上。那里有树。躺在树下看天，抱着树干说话。"

在一本名为《活泼生机会庄子》的书的开篇，即写树，这种风格很聪灵，也很庄子。

所以，聪灵笔下的树，是聪灵的，亦是庄子的。在书里，她和庄子的生命相互辉映。

这本书不是她注解庄子，她说注解庄子的书太多了，而她想要做的，是活出庄子的生命状态，这本书是她对这种生命状态的理解和呈现。真是好一番逍遥游！

我与聪灵相识时，她是报社的首席记者，我是一名杂志编辑，去找她约稿，她爽快答应。从编作关系转变为朋友关系，是去成都华德福学校参加培训，我报名要去，想找个伴儿，就发信息问她去不去。原以为，她会像一般人那样"回头回复你"，然后杳无音讯。谁知她居然秒回：去！

我当下就惊呆了，这人不要过一下脑子吗？就这么信任我？

现在想来，这其实是她的一贯作风——直觉行事。用庄子老师的话说，就是逍遥。

后来，她从报社辞职，转战公益机构，再至成为"散人"。这称号是我给她的，因为她真的越活越庄子了。那种生命状态，像树，像鱼，又像风。与树对话，如鱼逍遥游，希望在生命终结之前，把歌声留在风里……

聪灵是对生命充满强烈好奇心并具备执著实践精神的人。她做记者、做公益人、当企业顾问、写作、服务临终老人、为艺术家谋划,入世非常之深,亦洞悉人性之深。可这些不是她的终极志趣,就我观察,她的志趣在探索生命本身,尝试生命的各种可能。渐渐地她似乎走至方外,研究起庄子,不仅颇有心得,竟也活出了那种生命状态。

2020年新冠肺炎疫情暴发,全球的人民轮番居家隔离,然后我们就看到,人类禁足之后,动物们迈开了探索的脚步。它们在马路上晃荡,天空变得更蓝,河水变得清澈……这些景象让我们既觉惊奇,又觉得惭愧——万物有灵,且美。

新冠肺炎疫情所带给人类的反思还在继续,这些不同以往的景象,是否可以给我们一点启示?人类真是万物之首吗?我们真的了解天空、大地、万物和自然吗?

"北冥有鱼,其名为鲲。鲲之大,不知其几千里也;化而为鸟,其名为鹏。鹏之背,不知其几千里也;怒而飞,其翼若垂天之云。"

这样的景象,我们人类看见过吗?

庄子写下来的,是他亲眼所见吗?那时的人类在干什么?

我猜,那时人们做的事,与今人并无二致。

不同的是,那时有庄子,有庄子的眼睛和心灵。

所以,你们便知,聪灵分享给我们的生命状态,是多么可贵了。

很荣幸为聪灵这样的一本书写序,觉得写到这里差不多了,多言并不是我们之间交流的状态,因为她常常说,一切尽在不言中。

恰如她的诗所言,我们并肩站着,不说话,让风吹……

沈春霞画作《把玩雪里的宇宙》 从脚下玩到天外,我还是个孩子

序

北冥有鱼,其名为鲲……

水里面有鱼,因为有人看到了,所以才有对于现象的描述。然后,还有人会讨论鱼的快乐。其实,人说的只是自己的情绪,投射到了鱼的身上。鱼也只是在水中,本无所谓快乐与否。

人离去之后,便有了种种的故事。

水里面有鱼,仅此而已。那么,有没有鱼,鱼在哪里,都没有关系。

庄子与惠子游于濠梁之上,曰:至人无己,神人无功,圣人无名。

——三隐先生

『明爱(伦敦)学院讲师,
秋水环碧文化品牌创始人』
三隐先生摄于崆峒山

致读者

初读《庄子》,是参与一项学习活动,要求对全书读一篇写一篇。并且,最好不看注解,直奔原文自行领悟。

从通篇只懂一两句,到略懂某段也能写点,再至不确定是否真懂,也有过"一入南华迷更迷"的阶段,而后,才觉着似乎懂了些庄子——这话,只能悄悄对自己说。

读后所写也与《庄子》行文类似,是身边的人和事。

写完了,之前布置作业的三隐先生说,你的文章可以出书了。

不敢。先生说多了,那天就随口接一句:若出书,到时请您写序。

某天,先生写的序就发来了。一时没了退路。就开工。

以往一些练笔也收了进来——难免有调整气息的地方,去些浮躁,多些平和温悦。

问题来了,是否要对所引原文给以注解翻译,乃至思悟发挥?犹豫再三,决定不做。

首先是因我读《庄子》的领悟也一直在变,且我以为,这些不同阶段的领悟,都成立。经典的魅力之一,即是一再重读都可有"恍然大悟"的惊艳。所谓"第501次看花的欢喜",那一刻的生机是鲜活的,不驻留。《庄子》中奥妙无穷的多维领悟空间,还是留给读者吧!

再者,我写作的初衷即是,尝试以我的文本,对《庄子》进行今译——以我身边人事与相关哲思,去触摸《庄子》文本的语义还原后,所指向的具体生命状态。

将读书所得化入身心运作，融入日常，才算不负前贤们薪火相续之厚德。

因此，若您并不熟悉《庄子》文本，不妨将我文本作为理解原文的备书，要参照前人译注，现代工具也很便捷。而后，对应到您的生活中去，化用之。

若您熟知《庄子》文本，这里不妨尝试新读法：这回咱读庄子，读的不是句读辞章典故思想，而是一种真切可感的鲜活的生命状态。

让经典所承载的智慧还归原处，融入生活，让庄子的生命状态，活化自己的生命状态，才可说是真正会了庄子。

这是一个人，对另一个人穿越时空的心领神会。会的，是活泼生机。

可为现代人活学化用，服务现实生活，才是经典的核心价值所在。

十九大报告将"推动中华优秀传统文化创造性转化、创新性发展"写进了《中国共产党章程》。若我之理解不谬，则我们阅读经典文本的领悟，在辞章解析与思想映照之外，还能融入日常生活、落地服务于个体与不同层级系统的幸福所向，即是这"转化与发展"的切实功用所在。

读此书，会庄子，焕生机，也将是专属于您的一次创造性转化活动。您所焕发的活泼生机，又将是何模样？我心存良愿，绵薄尽力呈此书稿，为您献上诚挚祝福。

常规出书，要列个感谢清单之类。此处，隐去十万字。

吴聪灵 于2020年9月

沈春霞画作《云鹤家园》 离别甚久，近来你可有梦回瑰丽家园

目 录

引序

行道有生机/ 落地,生莲/ 像树,像鱼,又像风

序(游)
致读者

械

光说梦话	2
与树为友	3
这人真,不讨喜	5
饺子里的钱	10
我看着我滴下来	13
说是庄子不像庄子	16

生

谁在听琴	19
当红星亮过额顶	21
卖了豪车去散步	23
凌晨四点的面包	27
我的家乡在史集	30
王小波的三行诗	34
就是补药吃坏了你啊	39
良方系列(五篇)	41
我们并肩站着	59

沽

神只听我的祈祷	61
最契合的搭档	64
唇膏	69
买了你不亏,早晚要涨价	72
化妆,写字,看花	77
第1356号运动员	81
看,好美的万花筒	83
拥有一个人的爱就够了	85
兄妹一场	88

唱歌童子是谁 …… 93
渔父夸父都在跑 …… 95
他把手枪给了我 …… 99
吴仕美的慈善曲线 …… 105
语 言 …… 108
《她》有穿越暗夜的力量 …… 111
懂我的人连成海 …… 117
致范美忠先生的道歉信 …… 119
亲爱的土地(兼致父母) …… 127

激

看不见的大师 …… 133
张钢宁的界外生活 …… 136
圣饮红老鹰 …… 141
你来,带了太多人 …… 143
莫忘妈妈的话 …… 145
戊戌思君子 …… 148
柳下惠的弟弟 …… 151
李敖,你食言了 …… 155
海上的钢琴师和岛上的楚门 …… 158
梦母不弃,天一也可成仁 …… 161
《鼓盆而歌》里的爱情观 …… 165
寻找初恋的少女 …… 173

槭

新年好大雪 …… 177
由它由它都由它 …… 179
一面镜子的自照 …… 181
开窍,关窍 …… 184
为谁燃灯 …… 188
万物生·七重奏 …… 193
你是庄子 …… 200

速写三篇(代后记) …… 202
开悍马的嫦娥 …… 202
聪灵如美玉 …… 204
庄子的观测点 …… 206

余韵 …… 209

吴聪灵摄于南京江浦家中露台

万物皆出于机,皆入于机。
——《庄子·至乐》节选

光說夢話

依稀記得
我是一團光。
滿心歡喜。一股作氣。落地成胎。

見過
星河燦爛。月華輪轉。春水東去。秋葉成泥。

怨憎會。求不得。愛別離；
浮夢因緣。
聲光流動。無有駐留。

終歸，陪自己的時候更多。
偶爾忘了自己。

或是，醉在夢裏。
一團和氣。
滿心歡喜。

寫於 2019年5月3日
2020年12月于魯

与树为友

和树说话,始自少时。心里有话要溢出来时,就到屋后的河堤上。

那里有树。

躺在树下看天,抱着树干说话。

树们以沉默回应。那回应里,有宁静的包容。

后来,要离开家乡,去和树们告别。

——朋友们,我要离开你们去远方,不知何时再见。不过没事,我走到哪,都会看到树的。他们的根在地下和你们相连,枝叶在天空和你们呼应。他们和你们是一体,自然也是我的朋友。所以我见了他们,就等于见到你们啦。

你看,交对了朋友,是多么幸福的事。

远走他乡,见树,即如见故乡老友。连同老友所在的天与地,也多了亲切。

一个以追求梦想为名的人,在地表微不足道的移动所产生的漂泊感,借由扎根大地的树们,渐渐消泯,而生笃定。

树是有根的我,我是无根的树。

读到张三丰祖师的《无根树词》时,首先共鸣的,是"浮生事,苦海舟,荡去漂来不自由"的虚无感。

看那有根的树,也是一生。毕竟自家和树,都是生命——回首,莫待风波坏了舟。

原来树是益友，更是良师。一句多余的话也不说，只活它本来的样子，给我看。

有回梦里，就成了树。

或曰，我所觉知到的自己，是树干中一团活泼生气。

我一念向上，一团气沿干支直冲而上；往下，我忽地就沿着根须进入地下的黑暗里。

醒来，不知躺在床上这具身体里的活泼一团气，又是哪个"我"在驭使？

想那南华庄生与蝴蝶，梦里梦外的两个形体中，或亦有个既非南华亦非蝴蝶既是南华又是蝴蝶的活泼泼的一个"我"？

所谓物化，又是以何为化，谁在化？

想到树，遇着树，或没想没遇时，无所谓想与不想遇或不遇。

处虚无之根。运一体生机。

写于2019年5月29日

阴阳和静，鬼神不扰，四时得节，万物不伤，群生不夭，人虽有知，无所用之，此之谓至一。

——《庄子·缮性》节选

这人真,不讨喜

(一)

2021年初,王医生请人聚餐,有我。恰值《自得琴社》在宁演出,谢他盛情,仍去听琴。当晚相聚的朋友中,一些是经我介绍向他求医,而后成为朋友的。不过,这些年来,虽一直佩服他医术水平,却不敢轻易向人推荐。原因有二:

其一,病者各有致病的生活方式与心性模式,人都想借外力速速去病,若无耐心和决心调整病根,去了王医生处,怕又被冲走。

其二,信任,是疗愈的基础。所谓王医生,无专家名头,保健调理师而已。求助者中,不乏奇迹人事,但,连他自己都懒得拿来取悦人。

(二)

十年前初见王长虎。

其时,沪上一友患抑郁症,有人建议她来王处治疗,她来了。我陪她同去。

并无行医资格,调理室一间,工具若干而已。

王说:你的情况,在我来看并不复杂。你信任我,我就尽力帮你。治好了,是你的功劳,治不好你也别怪我。

总之主要是靠你自己,我只是辅助力量。

朋友看了陈设,不满意。

我一瞧,此人一身正气,且自家身体不错,后来得知有武学功底。

不治人的病,只治病的人。医者人靠谱,其他还重要吗?

约了时间,就来调理。熏蒸推拿刺络针灸拔罐之类。不大开药,只说,要多吃汤粥。

我去调理,并无明显病状,自知偏差而已。踩着冬至和夏至的点儿,调过几番,身体明显好转。

那天,他就和我说,你的情况,再往后我帮不了你了,得靠你自己。

当时不懂。

如今明白,身体调理到一定程度,若想持续良性运转,还要拨转心性的。这个,神仙也难下手了。

(三)

此前,我还见过独自开了几十年诊室的孙医生。

从老孙处知道,人体自身生理机能是天赐大药,自有神效,适当干预调整,因势利导,与时偕行,中征即止,助其自愈。而已。

老孙在治疗腰椎间盘突出、股骨头坏死等症方面,十分拿手。也帮一些人留住了曾被大医院要求割掉的腿啊脚啊脏器之类的。

我曾带一朋友去见老孙。老孙说,这娃是先天发育有障碍,可能生不出孩子来。

这朋友是母亲吃了转胎药生的,未知是否有关。问老孙,未置可否,只说,这情况,他也帮不了忙。

这话,没敢跟朋友讲。

隔两年就认识了王医生,拉了朋友来见他。告知前情,王说:没那么严重吧!试试呢!

朋友其时已查出肾结石之类。便到王处调治一周。

回去不足半年,告诉我说,媳妇怀孕三个月了。

我问王,是你治好的吧?

王说,是他自己认真做了。

后来得知,王医生此言并不全是谦虚。

曾有一姑娘来此调理,其间,王要求她七日内不得食生冷。姑娘答应了。

第三日来,诉说各种疼痛。王问:你又吃冷饮了吧?!

姑娘眼睛瞪得老大:没有啊!

王正色道:你走吧!我不给你调理了!

退了钱,立马就把人赶走了。

原来,那姑娘第二日调理后下楼,即买了冷饮吃。

恰被一同调理的人看见,告诉王了。

(四)

"——你能到我这来,是我们的缘分。也是你的福分。你的病,主要靠你自己,我只是给你些方法,协助你痊愈。治好了你也别谢我,治不好,你也别怪我。你要是不信任我,不在这看,我也不留你。"

那年,家父心口憋气,小便不畅来宁检查。我带去王处一坐下,他照例是这一番开场白。

老爷子脸一挂,就想走。

可我知道,他这症状,去医院是找罪受。弄不好开一刀,生机就挂掉一半了。

我极力挽留,直接把一周的调理费交了。我告诉我爸:你治病的钱,我已经给他了。你不在这看,人家也不退钱的!

再看人家不顺眼,终归还是心疼钱的。就留下。

一周调理完,就好了。

王要求他食素,不大做得到。也不似往日嗜肉了。

对其时正食在素的我,王却说,你这样下去不好。

痊愈后,家父由衷道:这王医生确实厉害,有功夫。不过,他脾气太坏了!

哎呀!您就知足吧!人家又不贪财求大,存世修身之余,赚个糊口钱而已,哪愿违缘哄人。

(五)

所以,他如今仍是清静度日。

写于2021年2月28日

卮言日出,和以天倪,因以曼衍,所以穷年。
不言则齐,齐与言不齐,言与齐不齐也。故曰"无言"。
言无言,终身言,未尝言;终身不言,未尝不言。

——《庄子·寓言》节选

三隐先生摄于惠山愚公谷

饺子里的钱

一碗饺子吃到大半,还没吃着硬币。心想,今天财运会如何呢?

这是按捺不住要计较了——连只花钱不赚钱的儿子都吃到了一个硬币,我这碗难道就一个钱吃不着吗?

对吃到钱的期盼,就此升起。

碗里就剩两个,夹起一个来咬,咬着钱了,心下一喜。那欢喜停留的时间不足两秒,旋及又有一念升起:最后这个饺子里面,是不是也有钱呢?

欲望就这样一刻不停地变换着花样。

哎,吃饺子时不在吃饺子,说的就这情形。

最后一个是有钱的,但我懒得以此作为预兆来确认自家的好运了。

这钱,本来就是我自己洗净用开水烫过包进去的,此谓因。由我或家人从饺子里再吃出来,不过是个果。

更大的因是什么?是预设了一个逻辑的成立:包钱进去再吃出来,就意味着好运。每包一枚硬币,依此逻辑就是包进了一份好运。

多么简单的好运气!

好像没见着谁家包饺子只包钱不包馅的,按说这样不就是全家人全年全是好运了吗?

大家到底还是明白的，硬币填不了肚子，在这点上，它不如正常的饺子馅。

只在那个讽刺财主的故事里，才有类似桥段。阿凡提给他的毛驴喂金币，再带到财主面前去表演毛驴拉金币，骗得财主欢天喜地高价买回去，结果毛驴只能拉屎不能拉金币了。想让吃下去的草变成金币出来，是财主的贪念。(我推敲这故事有点不合理，让毛驴吃金币再拉出来太不可控了，我要是阿凡提，就直接从后门塞几个再拉到财主面前。毛驴也是生命，吞金太残忍了。)

回来说饺子，咱还是要吃常规的，别整那硬币自欺啦。咱腾出精力来，双手劳动，创造生活——相比之下，还是这个正常而平凡的故事招我喜欢，这不仅省了烫硬币的开水，还将有助于我和地球的正常运转。

写于2011年2月17日

沈春霞画作《晴好》 阳光,大把的阳光,我想把自己整个打开,晒透

子贡南游于楚,反于晋,过汉阴,见一丈人方将为圃畦,凿隧而入井,抱瓮而出灌,搰搰然用力甚多而见功寡。子贡曰:"有械于此,一日浸百畦,用力甚寡而见功多,夫子不欲乎?"为圃者仰而视之曰:"奈何?"曰:"凿木为机,后重前轻,挈水若抽,数如泆汤,其名为槔。"为圃者忿然作色而笑曰:"吾闻之吾师,有机械者必有机事,有机事者必有机心。机心存于胸中则纯白不备。纯白不备则神生不定,神生不定者,道之所不载也。吾非不知,羞而不为也。"子贡瞒然惭,俯而不对。

——《庄子·天地》节选

我看着我滴下来

（一）

喂猫时看到的不仅是猫。猫在吃食，呜捂吾悟地叫唤。

土鳖虫在脚边爬来爬去。颜色深些的，是老土鳖虫，还有嫩浅色的，是土鳖虫中的儿童吧，跟在后面，动作不大利索，却毫不犹豫。

还有蚂蚁。它们找猫吃剩下的残渣，每一丁点，都不错过。有时，它们力气大得惊人，不小心就翻动了一片细叶。

猫儿吃完了食，不和我们说再见，就走了。

我和儿子对着它们的背影说了声再见，然后回家。

路灯还要再亮一会儿。

（二）

出地铁口，有桂花香钻进来。

深吸一口，就想把自己打开成一个大字，就地躺下睡一觉。

还是更想晒太阳。于是继续走出去，举着双臂，走到阳光里去。

抬起头，让阳光把身体晒透。

世界如此丰满，我不需要再得到额外的任何东西啦。

课毕乘地铁回，出西安门时，又有桂香飘来。

还是刚才的那一缕吗？

没人回答我。

我确定,有很多桂树在偷笑。

(三)

微雨起时,屋子里还留着昨天的太阳味。

它们歇在被子里。

如果雨继续,继续得再久一些,太阳味就会变成螨虫味儿。

其实,太阳味才是真的螨虫味——晒被时,螨虫被烤熟,我闻到的,是熟螨的味儿。

那太阳到底是什么味?

一朵花的味?一缕在光中旋转的微尘的味?

还是红脸蛋丫头的脸上,汗痕间的咸味?

一滴雨敲在我头上。

——呶,胡想啥呢,先尝尝我的味道!

嗯,秋雨是呵痒的凉。只一滴,就让我也变成它了。

现在我是雨。先前那个我,不见了。

我看着我继续滴下来。

滴滴滴滴滴,下来。

写于2011年9月11日

物无非彼,物无非是。自彼则不见,自知则知之。故曰:彼出于是,是亦因彼。彼是方生之说也。虽然,方生方死,方死方生;方可方不可,方不可方可;因是因非,因非因是。是以圣人不由,而照之于天,亦因是也。是亦彼也,彼亦是也。彼亦一是非,此亦一是非。果且有彼是乎哉?果且无彼是乎哉?彼是莫得其偶,谓之道枢。枢始得其环中,以应无穷。是亦一无穷,非亦一无穷也。故曰莫若以明。

——《庄子·齐物论》节选

吴聪灵摄于树下

说是庄子不像庄子

《南华经·杂篇》中,《说剑》一文,有人称"特别不像庄周所著"。

不像又如何,庄子是庄子,未必像庄子。卓别林本尊报名参加卓别林模仿大赛,照样被挤出前三名。

人有言:这事不像你做的,这话不像你说的,云云。实是对他人有固化认知之后,拿了模板来对照——你应当成为什么样子,不由现在的你决定,而应是我所认为你该是的样子才行——我的想法一定是对的,你的样子显然是错了。

同理,对于自身应当怎样有了固化的设定之后,也易因这自缚而生烦恼。

《说剑》亦然。像不像庄周所说,究竟是谁所说,不是第一要紧事。可传后世,即有慧鉴,有慈心,为大音。

文中旨要,为论剑之三重境界。余悟之,与《阴符经》之三章论境颇类。

其一,天子之剑,神仙抱一演道之剑也。

其二,诸侯之剑,富国安民演法之剑也。

其三,庶人之剑,强兵战胜演术之剑也。

黄帝立为天子十九年,往空同山求见广成子,闲居三月方得点化。是谓舍诸侯之剑而得天子之剑。

赵文王闻庄子说剑,三月不出宫门,门下剑士纷纷自刎。舍庶人之剑,悟天子之剑,得的是顿超之法。后来如何,待看其人自造转化。

剑者,见也,鉴也。

知见格局,决定人的智慧层次,与所能拥有的心灵自由度。不同境界的剑,即不同层次之"我见"。

妄念纷飞,左右互搏,驭术求胜,庶人之见也,轮回因之坐实。

一愿既生,行功累德,有为习法,诸侯之见也,修途因之乃续。

忘我存真,察同太虚,无为合道,天子之鉴也,浑然一体无二。

人生一世,各种驭术,难免习法,未有道外托生之人。于此三境地上清晰了,则有望无为而治,自家心念中之万千剑士,从此不必相搏纠缠,悉自寂灭,太平。

此时,就没了庄子像不像庄子的考量之基。

写于2018年6月25日

天子之剑,以燕谿石城为锋,齐岱为锷,晋魏为脊,周宋为镡,韩魏为夹;包以四夷,裹以四时,绕以渤海,带以常山;制以五行,论以刑德;开以阴阳,持以春秋,行以秋冬。此剑直之无前,举之无上,案之无下,运之无旁。上决浮云,下绝地纪。此剑一用,匡诸侯,天下服矣。此天子之剑也。

——《庄子·说剑》节选

沈春霞画作《奇峦雅聚》 人间乐土凭谁运 志趣和合是仙缘

谁在听琴

(一)

侄女弹琴，要求全场静听。曲毕，要求鼓掌。

都当她是小儿玩耍。我们自顾交谈。听她音落，拍拍手掌。

侄女不满。控诉：你们没有认真听我弹琴，鼓掌也不热情！

问：你是因为享受音乐才弹，还是为了得到掌声？

曰：都有啊！

问：我们鼓掌了，会让你感觉自己弹得很好吗？

——阿姨不是的。你们为我鼓掌，我会很感动的。

(二)

清儿喜洁净，每得闲暇即投身清洁工作，力求空间明澈，乃觉赏心悦目。

余性散漫，不拘小节。常被视作"教育对象"，各种提要求。

提时不满，提后终归有所改变。享受洁净空间之余，习性转化是自然历程。而清儿"教育"之严苛高压，终归也在被"抗"中磨损消减。

于是，清儿之高姿态，低了几分；余之散漫，收了几分；两下相待，和顺了几分。

(三)

回乡探亲，知老父失聪：连我自己讲话都听不见啦！

失聪不碍发号施令。老母嗔怪依旧。
昔年二人交战,时须邻人维和。
而今,对手充耳不闻,冲突不调自停。
自此,天下太平。

写于 2016 年 9 月 20 日

彼正正者,不失其性命之情。故合者不为骈,而枝者不为跂;长者不为有余,短者不为不足。是故凫胫虽短,续之则忧;鹤胫虽长,断之则悲。故性长非所断,性短非所续,无所去忧也。

——《庄子·骈拇》节选

三隐先生摄于苏州可园

当红星亮过额顶

　　陈生光标,幼时家贫。尝担水市卖,暑期劳作二月,获资数元,学业得继。

　　邻家有儿,亦贫,无钱入学,号泣而返。陈母曰:吾儿何不助之?遂慷慨助之,邻儿学业得继。

　　其时正值"学雷锋热"。师长得知,光标遂成先进典型,全校通报表扬。师以红纸剪五星,贴光标额上,无上荣耀。

　　光标大喜。恐额顶红星脱落,时以鼻涕续粘。散学归家,雀跃返之,顶红星四告邻人:我做好事很光荣被老师表扬还得了红五星……

　　次日晨,光标早起赴校,打扫教室整洁一新。师长后来,问谁值日。光标举手:老师我又学雷锋了,您再给我一个红五星吧!

　　后来,光标勤勉致富,善行依旧。企业盈利,必以一成利润行善助人。

　　那年震后,光标首赴废墟救人背尸捐钱发米,种种热诚,乃得"首善"之名。

　　余昔年采访光标,光标自述儿时担水助学一事,以示善根深厚。媒体添花而至,"首善"光环放大。光环之下,光标尤喜赞誉。一纸五星,变作奖章盈室,一念善举,催生万般高调。高调难续,又生种种机巧。行善时,众赞誉之,捧杀;机巧处,众揭发之,棒杀。

光标与众，本无殊异，天生善根，应缘而发。昔助邻儿，无心而为，未期红星，额顶闪亮。后来高调行善，乃至集誉满堂，未知攀缘万状，却是为谁痴狂？

不免悬想，倘昔年助学之后，无红星之高调表彰、乡邻之过度鼓掌，不知后来之光标，依其本心，应缘行事，情状若何？

写于2016年10月15日

夫赫胥氏时，民居不知所为，行不知所之，含哺而熙，鼓腹而游。民能以此矣！及至圣人，屈折礼乐以匡天下之形，县跂仁义以慰天下之心，而民乃始踶跂好知，争归于利，不可止也。此亦圣人之过也。

——《庄子·马蹄》节选

卖了豪车去散步

(一)

阿姨,我把这块巧克力给哥哥吃好吗?

侄女拿着一块巧克力,柔声问我。

好啊!

话音刚落,感觉不对。问她:冰箱里只剩这一块了吗?

嗯。

你想吃吗?

沉默。

没事,说真话就好。

点头。

那为什么要和我说给哥哥吃呢?

沉默。

现在是你想吃,哥哥还不确定要不要吃。你觉得怎么处理比较好?

她想了一下:我和哥哥一人一半吧!

好呀!

她把巧克力剥了掰开,放一半到嘴里,举着另一半去找哥哥,我儿子。

在出乎天性的个人需求与"克己让人"的道德要求之间,6岁的她找到了平衡。

我心有余悸:倘我大意不察,她将爱物违心予人,会怎样?

还是侄女。在我家找出两件玩具。我说,你要喜欢,就送给你。

她道谢。

待走时,让她带回。

她爸说,不要了!我家都有,她肯定不需要。

她不满:哪有啊?

哪天哪天,我给你做的。你忘了吗?

那又不一样!

我说:喜欢就带走吧!

她站着不动。

她爸开门欲走。

我告诉她爸,这两样确是我家不需要了,刚好她喜欢,就拿走吧!

反复确认了是真的想要,父亲下旨恩准,方带回。

想到侄女那块险些错过的巧克力,和她爸一贯的自制隐忍,若有所思。

(二)

古人出行靠走,刚好强健筋骨。

远行不力时,求助牲畜。

又有了车。

速度渐快,路渐宽。

然后,红绿灯。限行。堵车。高速限速。等等。

坐着开车,坐着办公,或是,坐着堵在路上。

于是下肢不健,有了肚腩。

于是买跑步机健身,或办卡去健身房——把机械省下的脚力,再借助机械耗掉。

时光与金钱,颠来倒去地消耗了。是谓:现代文明的丰厚成果。

那日,一朋友说,车不开了,跑步机送人了,走路上下班。

"沿着护城河一路看风景,身体好多了!"——供职某汽车销售公司的他发现新大陆。

我回:您这觉悟,还怎么卖车?

笑:那不一样!饭碗哪……

还是车。工具竟成身份象征。

叫顺风车叫到一辆奔驰。开车人一脸优越:你能打到我这车,是你的幸运!

我笑:还不是平安抵达就好,下车又不用卸一块带走。

还想说,我既付了钱,此行程,车就是我的,开车人就是我的御用司机。您也是拿了我的钱在为我办事呀!

比狂不算真功夫。算了。

到点下车谢别,"奔驰人"与"自然人"各奔前程。

一时猜想,或这豪车,是我那每日沿河步行看景的朋友所卖。

写于2016年11月15日

沈春霞画作《信步》 自由行走,在家和远方之间

夫弓弩、毕弋、机变之智多,则鸟乱于上矣;钩饵、罔罟、罾笱之智多,则鱼乱于水矣;削格、罗落、罝罘之智多,则兽乱于泽矣;智诈渐毒、颉滑坚白、解垢同异之变多,则俗惑于辩矣。故天下每每大乱,罪在于好知。

——《庄子·胠箧》节选

凌晨四点的面包

(一)年终奖

创立多年来,朋友公司勉强维持生计。是年行情向好,拟将半数盈利按人头实施奖赏。朋友要求各部门自行制定奖金发放标准。

炸锅了。

主张有:平均分配,按工龄分配,按加班时长、绩效、家庭经济状况分配……

三天后,仍无标准。众人闹心。

未料公司遇上麻烦。因一批出口货物检测不过关,要赔款。或将树倒猢狲散……

众人惊悚,失而悔悟。

为保饭碗,恪尽职守。

半月后,财务总监宣布:因全员协力,亏空已平。

众心释然。

年终庆功聚餐,其乐融融,已然淡忘奖金。

其实还有盈利可分,朋友说,怕失了团队凝聚力,不敢提了。

(二)足球场的立与废

看到一个故事:

一大妈在家休养,邻家孩子每日来她家草坪踢足球。

驱之不去,乘虚即入,大妈很烦。

如何回归清静?大妈苦思日久,得一妙计:

那日对孩子们赞道:"娃儿们,我喜欢看你们踢球!来,给你们奖励!"

发了钱,娃儿们踢得更欢。

第二、第三天,继续发钱。

第四天,她说:最近经济困难,奖金减半。娃儿踢球劲头渐颓。

一周后,大妈说:没钱了。

娃们气恼:哼!没钱谁还给你踢球?

走人!

大妈重获安宁。

(三)凌晨四点的面包

曾经,南京瑞金路上开了间面包坊。初时生意平平。

店里有款面包,一元1只,口感很好。

某日,店门口挂出广告:明日起,本品特惠一元4只。凌晨四点起售,每人限购4只。每天100份,售完即恢复原价。

朋友母亲大喜。次日凌晨三时许,即到店排队。

长队持续十日有余。面包坊扬名四方。

半月后,朋友母亲说,特惠面包口感不及以前。

一问方知,她每日都抢得优惠,于是家中面包过剩。

面包依然,味觉变了。

如今，朋友母亲节俭如故。逐惠利乐此不疲，灭剩物马不停蹄。

如您所知，被便宜撑着，被快乐烦着。

写于2017年1月20日

尧治天下，伯成子高立为诸侯。尧授舜，舜授禹，伯成子高辞为诸侯而耕。禹往见之，则耕在野。禹趋就下风，立而问焉，曰："昔尧治天下，吾子立为诸侯。尧授舜，舜授予，而吾子辞为诸侯而耕，敢问其故何也？"子高曰："昔尧治天下，不赏而民劝，不罚而民畏。今子赏罚而民且不仁，德自此衰，刑自此立，后世之乱自此始矣！夫子阖行邪？无落吾事！"俋俋乎耕而不顾。

——《庄子·天地》节选

我的家乡在史集

（一）

我的家乡,在一个叫史集的小镇。

我家房屋坐北朝南,屋后是六塘河。六塘河北,属三庄乡范畴。

每逢农历二、五、七、十,三庄人会挑着农货过六塘河大桥来赶集。

两个乡镇的人碰上,会互相打趣。三庄人说,你们这名字真难听,史集屎集,那你们住在史集的都是蛆吗?

史集人就回:你说史集全是屎,你还兴冲冲跑来,你是屎壳郎吗?

史集一名至今保留,盖因乡人明白得很,名上附会不要紧,谋生存求发展,才是正道。

后读书。遇句:志士不饮盗泉之水。

这志士,只知盗名不美,却不知盗亦有道;更不知人食五谷杂粮乃至畜禽,晨兴暮归四时有节,都是盗取天地万物之机。

可见,乐颠颠赶集的三庄人,较这些个执拗的志士要豁达些。

久居史集而无意迁居的人们,更豁达。

（二）

史的本义之一,为自然界与人类社会的发展过程。

以此义论,屎,恰是最忠实的人体史官。

想那各等美食入口,是主观选择。经津液调和,脏腑协作运化吸纳,十八里相送至出口处,可就是客观呈现了。

往昔良医问诊,必问大便频率、性状、色泽若何。倘可现场得遇辨其气味,则信息更全面。其人生理机能状况,由屎可知。乃至心境状态,亦由屎可知也。此处不展开,以免影响阅读感受,诸君对照自身经验可知。

凡人畏果,圣人畏因。能管住嘴合理饮食的人,是自己身体的圣人。

有一医学博士著《大便书》,将大便与健康结合分类。其中有"完美型大便",为一气呵成的金黄色,落地自然成锥体。

我上次取得这成果,是六岁时。

近来偶有接近,已十分欢欣。

我以为,这是回归童真的标志。

(三)

从饭到屎的历程,也可谓之一元复始的过程。

大道循行,生生不息。

原本,天地生植物供养动物,动物的排泄物又是土地最爱的肥料,再去润养植物。动植物老死萎凋,肉身残枝又将为土壤所纳化,再生植物动物。

植物者,动物之食;动物屎者,植物之食;各得精华,两相宜也。

所以,狗要到树旁才肯翘起后腿撒尿,怕不全为着保护吕洞宾为它装的泥腿免被淋坏,还是回报大地的本能。

然而,屎太臭了,招人嫌。人们发明了下水道,抽水马桶,出恭全程无臭,身体的史官,大多是连看一眼也不情愿,就哗地冲走了。

人类坐失了借屎自检的机会,屎溺,也不得回归其来处的来处。

土地生五谷,少了屎肥浸润,纵有各类化肥,终归不是生态系统本来设计,两下索然。

人拉屎不臭了,吃饭也不香了。

此之因者,彼之果也;此之果者,彼之因也。

庄子与东郭子说,道在屎溺,至理。

哪天,人们可以赐屎以本来归宿,则有望重见地肥水美五谷香。

(四)

从饭到屎,其实不是闭环。

真正有用的精微物质,运化过程中被人体吸收了。

而人从生到死,肉身由鲜嫩活泼,至枯槁衰竭,由灵活而僵滞,失去的精华是什么?

又被谁,收了去?

上士清静凝神,可于口腹呼吸纳化之外,自与天地精神往来。

口中无食,肠中无屎,心中无事,笃实应缘,出入自如,翩然游世。

理法现成的,要不,实施实施?

写于 2017 年 9 月 12 日

沈春霞画作《碧波》 我记得那坡上的每一棵树,和水里每一个旋涡

啮缺问道乎被衣,被衣曰:"若正汝形,一汝视,天和将至,摄汝知,一汝度,神将来舍。德将为汝美,道将为汝居,汝瞳焉如新生之犊而无求其故!"

言未卒,啮缺睡寐。被衣大说,行歌而去之,曰:"形若槁骸,心若死灰,真其实知,不以故自持,媒媒晦晦,无心而不可与谋。彼何人哉!"

——《庄子·知北游》节选

王小波的三行诗

15年前的夏天,第一次看《黄金时代》,赞叹。最近再读,仍是扑面而来的清新,与旁若无人的卓绝。

十余年后,所见已大不同。

若书中注定要有主角,此时是陈清扬。

王二,如一面存在的镜子,真实存活于荒唐年代,却又隐身到几乎不存在。就像《活了一百万次的猫》中,那只最后出现的白猫。一个是自始至终都不需要证明自己存在的存在;一个是直到后来,才被主人公(黑猫)看见的存在。

它经历了足够多的"非",才有能力确认"是"。

主人公王二,和身为作者的王二,这种有意无意的重名,多少有着作者内心理想的投射。

是的,一种超越时空的存在感——对存在本身的倾心,使得这部作品元气充沛。

王小波说过,《黄金时代》是他对性爱的反思与追问的一部作品。这种追问与反思,也体现在陈清扬对待性爱的态度变化上。

从被称为"破鞋"而不满求证,求证的结果,是真成了"破鞋"。这是名的变化。

名之下,实又如何?

她与王二的交流中,和她所写的交代材料中,即可见述。

初时,她对自己的定义是工具,把自己的身体给男人用一下。她的丈夫是这么使用的,她初次与王二性交亦如是。她在咬牙受刑。

对性,对生活,毫无快乐可言,无力直面就作麻木状承受。

后来,有些变化。

因为王二是真实坦荡的,还原存在与发生为其本身,不附加任何标签。她有了快感,却不敢叫。对性的羞耻感,让她不允许自己承认在这件事上体验到快乐。

然而发乎本能的乐与美不容漠视。她终于还是叫出来了。她渐渐开始主动,甚至想要给王二生孩子,于冷雨中,在他的身体上跳舞。

性爱之美天然,压抑更生渴望,乃至因压抑而变态。遂有人窗外偷窥。

更堂而皇之的"偷窥",是让当事人写"交代材料"。如此,大家就可公然以"批判"的名义尽情阅读。

写得不满意,还要推倒重写。到末,照例要加些反思与自我批判之类。

(这类以道德批判名义来满足窥私欲的做法,生活中不乏其例。)

再说陈清扬。她的交代材料,终结于她自发写的一篇文字。那是没有给王二看过的,她自发的表达。

她在那篇文字里,承认她爱上了王二。他把她扛在肩上行走,在她屁股上轻轻一拍,她彻底柔软了。

想想,一对"搞破鞋"的男女,居然承认相爱了。如此一来,这些描写性爱的文字里的羞耻与罪恶,都不成立了。爱情,不一直是伟大的吗?

真叫人脸红——以审讯之名窥私的人,为自己脸红。

一个女人,对性与爱的成长完成了。从满怀羞耻与罪恶的抗拒,到压抑快乐,到自由表达,再至情感升华。她还原本来。

看过王小波的视频,有限的几次受访,谦和柔软,内有风骨。他的死,也如《黄金时代》的收篇,恰到好处时,默然告别。

百岁光阴不过石火一烁,又何必计较短长。诗意与美好,本来随意可见。

一朵花是美的。

一滴雨是美的。

一只翘腿撒尿的狗是美的。

一泡浇在植物边的狗尿是美的。

一只洋葱,剥与不剥,都是美的。

阴茎,是美的。

写到上句,是想到王小波那首短诗——

走在寂静里

走在天上

阴茎倒挂下来

……

图片来源于1979年版《哪吒闹海》剧照

多年前,王小波的妻子、社会学家李银河在南京有场讲座。我到场听,曾就此向她提问。我背诵这短诗,和她说,我觉得这诗很美,想知道是否还有下文。李银河说,她也觉得这诗很美。她后来找过小波的手稿,没找到下文。所以,它就这样完整着了。

在一个以阴茎勃起为美而让各种壮阳药畅行的语境里,阴茎这一名词本身,就是敏感词,不宜轻言。

然而,他说,阴茎倒挂下来。像钢琴师休息的手指,像无欲无求完满自恰的存在本身。

真的美。

于阴茎而言,勃起是应激态,倒挂,其实是常态。是无缘不起心的一份宁静,是个体生命与存在本身的一体感。是大自在。

社会文化所宣导的两性之美,更多是女人的美艳,与男人的坚挺。以相互诱惑与满足为美,却忘了生命本来的天然自成。

在我看来,真正的男人,是拥有这种能力的人:可以不随情境变迁、泰然自若地、随时安住地,倒挂。

初稿于2012年4月6日
2018年12月27日修改

回曰:敢问心斋。

仲尼曰:若一志,无听之以耳而听之以心;无听之以心而听之以气。听止于耳,心止于符。气也者,虚而待物者也。唯道集虚。虚者,心斋也。

——《庄子·人间世》节选

沈春霞画作《爱恋》 相看两不厌,只因爱你如己

就是补药吃坏了你啊

(一)

溪水逶迤。傍山势而下,偎人居而行。

至沟壑,而为污流。

人曰:水以奔流向海为荣,汝何至此?

其水不然:曾自海中来,仍与海一体。天地任周流,何由分彼此?

(二)

大厨技高,自诩不凡:经我手出的美食,人皆沉醉流连!

消化、泌尿等科专家冷眼相对:小样儿,因你而沉醉的人,都要到我们这儿来求活命。你要真有能耐,就让咱们都失业吧!

(三)

那人有钱,人缘就好。

买各种壮阳药补养,意气风发。

没几年,枯竭不济。

四处扑腾,良医难遇,越发衰颓。

经人指点,遇上医,求赐良方。

方曰:停药、独卧、晒太阳、劳作等等。

问:有什么补药吃了快点好吗?

道医喟叹:就是补药吃坏了你啊。

其人不解,请教其理。

曰:人体阳气,天赋自养。柴木既存,风生火起。汝之补药,煽风点火而已。

汝只见火势虚旺,却不知薪柴耗竭,岌岌可危。火势失度,补药错用,即是送命的毒药。

为今之计,小炷留灯。安养新木,或可回春。

其人默然。独立良久。

写于2018年1月19日

沈春霞画作《滋养者》 这是山吗?不,这是大地母亲饱满的乳房

圣人达绸缪,周尽一体矣,而不知其然。性也。复命摇作而以天为师。人则从而命之也。

——《庄子·则阳》节选

40

良方系列（五篇）

回龙汤

那日一早醒来睁不开眼，睫毛眼皮结痂粘上了。抠下一块扯得生疼。终于扒开一条缝看见外面，不敢再扯毛。

父亲说，你这是害眼了。意思是，眼睛发炎。

父亲说要这样治：用早晨第一次小便的中间一段，抄到眼睛上泡洗。洗洗就好了。

那会大概六七岁，听爸爸的话，就往屋后厕所去。蹲下来，小心翼翼，掐准时机，伸手接了微温的黄水在小手掌里，就往眼上抹。

尿液把结痂泡软，再揭就轻松不少。

求愈心切，后来几次小便都接中段洗了。次日晨起再洗一遍，到中午，眼睛恢复如初。

十多年后遇男生表白，第一句就是夸我眼睛长得美。当时意外且不相信，如今想来，盖因双眼是被尿水洗过的缘故。早知如此，咱就索性聚尿洗个淋浴，今天就可以尿水出芙蓉了。

二十年后育儿，有邻人拿玻璃瓶来讨儿子的尿。名曰：童便。这家是遵了医嘱来讨尿调兑药粉治疮病的。好生得意——原来不仅我的尿可助自愈，我儿尿液竟也可入医方。

2013年前后，故乡镇上有人以大桶专收尿液。给每户发痰盂,要求除孕妇与妇人经期尿液不用之外,其他都收。各家每晨端来倒入大桶之前,以试纸测过,合格才要。

有专人负责运走,说是提炼药物之用。当时正值某口服液畅销,人都猜说这些尿就是用来做口服液的。

玩笑也有实据。有记者采访得知,大漠断水的行者、井下塌方的矿工对自家尿液相当珍惜。尿出来了喝下去,只要身体不断水,活命概率就很大。

更有甚者,饮尿疗疾竟是祖传秘方——朱锦富先生在他的《回龙汤:中国尿疗法》一书中,公开了家中祖传近20代的秘方"回龙汤",将服时、服法、服量等方法和注意事项公之于世。其中更对中华历史上以人尿治病的理论、处方、药理予以详解。

秘方公开,不知何因。想来家族传承也不易,譬如新媳妇入门,要告诉她发扬传统喝尿,可得健康美丽,应该比较难。

百度得见如下信息:

1. 东汉张仲景在《伤寒杂病论》中多次提到应用人尿的处方治病。

2. 唐代孙思邈在《千金翼方》中曾赞:"人尿乃伤科中之仙药也。"这位孙先生自己也是喝尿的。

3. 宋朝朱熹(即朱锦富先祖)有家族秘传的尿疗口诀:"回龙汤,寅卯尝;治血症,管拔伤;去隐疾,助成长。补气血,滋阴阳;冬至服,立春放。戒荤腥,不可忘;除头尾,要中央。

目睹色,欲清澈;竹做引,达病肓。枣作辅,除口障;年年喝,益寿强。"

4. 清朝后宫佳丽曾服用童尿配制的药丸,以愈妇科炎症。

5. 哈佛大学医学院研究发现,晨起后第一泡尿含有大量"尿性睡眠物质",被称为SPV,且有抗癌功效……

看到此处,不由佩服家父。投生我家,儿女受益。

一友说脸上长痘,手上湿疹,遂建议她,可取尿液来洗。"你不说别人也不知道,中医传统与现代科研都证明有效的。"

姑娘摇头:太脏了!我还是去开药吧!

过两天问她,医生开了啥?

姑娘手机发来一张图,上面两件东西:长管子的尿素软膏,和圆瓶装的尿素霜。

写于2019年12月9日

东郭子问于庄子曰:"所谓道,恶乎在?"庄子曰:"无所不在。"东郭子曰:"期而后可。"庄子曰:"在蝼蚁。"曰:"何其下邪?"曰:"在稊稗。"曰:"何其愈下邪?"曰:"在瓦甓。"曰:"何其愈甚邪?"曰:"在屎溺。"东郭子不应。

——《庄子·知北游》节选

画痄腮

小学二年级冬天,我和几个同班孩子脸上都画了墨团,棉衣领子都蹭黑了。

老家方言曰,咱们这是起痄子了。即腮腺炎。

患儿中,有一男孩父亲是副校长。他基于得病顺序判定病源在我,来问我:你为什么要把这病过给我家儿子呢?

我没敢回话,心有腹诽:你儿子未经我同意就把我的病给得了,我还没找他算账呢。哼!

阿Q平衡法没用,得病终归不舒服。如今想来,患病期间最舒服的时刻,是父亲在大太阳底下给我画痄腮时,脸上随毛笔书写带来的清凉感。

没吃药,画了几天墨,痄腮就消了。其他孩子也没见谁为此求医,脸黑几天的事而已。

后来常见父亲给别人家孩子画痄腮。他端着墨碗,一手拿笔,让患娃站太阳底下,口里念念有词,毛笔就在孩子的腮上写写划划。我依稀辨认出几个字,后来自己琢磨,有点意思。

父亲这手艺的用武之地越来越少。一者,疫苗让幼儿患病率大幅下降,二者,后来的娃儿宁愿打针吃药,也不愿画痄腮了。

多年后我对画痄腮的表示好奇,就问缘由。

父亲颇为郑重,说此方师承有要求,一个人一生只能传授一人,不允许再教第二个,且画痄腮时念咒不得出声,师徒授受时只凭文字,默记在心,待到应用时也不许念出声来。

——不然就失灵了。父亲和我讲，你要学，得守规矩。

我点头。

他就把画痄腮的方子，连同原料、运笔方法、时辰、地点要求、咒语和宜忌之类，全部告诉我。

作为父亲画痄腮术的唯一的传承人，我颇有些自豪感。

后来，如您所知，虽然还会遇有得腮腺炎的孩子，但他们怕丑，更相信去医院吃消炎药。因此，我的手艺至今没有用武之地。

闲来琢磨术中之道，以慰寂情。

古人要确保书画作品传承日久，纸墨制作都是良心工程。要去墨臭，防虫防腐，墨里就有麝香、冰片之类。

所谓"书香门第"，常指读书人家。我猜，书香有一半来源于墨香，以好闻的气味，吸引小儿向学。

辨识药性，麝香与冰片是治疗风热之症、开窍通络的常用药。腮腺炎的中医辨症即是风湿邪毒雍阻少阳经脉，与气血相搏，凝滞耳下腮部所致。在病变部位涂抹上等好墨，其药用成分经皮肤吸收，有开窍醒神、清热止痛之用。

此外，黑色的散热性能也是诸色中最强的。

文字画图与符咒功用，因家父传承有戒，此处不讲。但以现代量子科学知识观待，施行人借由文字与音声发出的信息频率，其效用亦可理解。

故曰：画痄腮法是一个从意识到音声、文字、画图乃至物质层面的全方位系统工作,包含了现代意识科学、物理医学、生理医学和光热学等诸多知识。

然而我这绝技,非但自身无处施行,想找个传人也难了。

作为人类一员,我感谢历代师祖传承此术。个中秘要,我将守口如瓶,静候机缘。

写于2019年12月11日

擢乱六律,铄绝竽瑟,塞瞽旷之耳,而天下始人含其聪矣;

灭文章,散五采,胶离朱之目,而天下始人含其明矣。

毁绝钩绳而弃规矩,攦工倕之指,而天下始人有其巧矣。

故曰:大巧若拙。

——《庄子·胠箧》节选

降糖方

此方得来,原是孙医生随口一说。

十多年前,孙医生在迈皋桥开诊所,一友去调理后,劝我去采访他。

先是推辞。想宣传,可以自己打广告去。

对方说:人家懒得打广告,病人多得看不过来。我让你来宣传,是社会需要重新认识中医。

如是几番,决定去看看。

收治的多是各大医院拒绝的人,不到此境,轻易也难将病症托付中医。

其中颇神奇的一位,是差点在某三甲医院锯掉一条腿的,因遇孙医生而保住了腿,从坐轮椅到拄单拐再至可以打乒乓球,半年时间康复了。

孙医生之治疗手法,无非针灸推拿拍打电热烘疗之类。他和我说医理:人体自身的生理机能系统就有疗愈与康复的本能,患病时适当干预即可助人自愈,且治疗时,与"头痛医头、脚痛医脚、治标不治本、治不好就切掉"的片面与武断方式不同,是要将人作为有机整体系统来通盘考虑的。

孙说我也有病,在他处调了几回,变化明显。头发乌亮细密,丰胸瘦腰,精神焕发。

我本人并未患糖尿病,故此方的验证,是由我一位亲戚完成的。她得此方之前,长年服用降糖药,饮食上也有许多禁忌。她的姐姐曾在孙医生处调理,见证奇效,她也因之有更多信任。

其实简单,三两片苦瓜干,加上七八颗枸杞子,放玻璃杯里开水泡着,日常按需饮用,每日一换。如此,即可停药。

材料不难找,超市有卖。她后来的反馈是,确实很有效,从拿这两样泡茶喝开始,降糖药就停了。一切都很正常。她开始向很多人推荐。

三个月后,她和我说,血糖指标有了反复:"我爸重病住院,我心里紧张焦虑,每天都很担心他,结果血糖不稳定,就又开始用药了。"

她的父亲在那次重病之后,死过去一阵,又活回来,把儿女们的悲伤激荡一番之后,含笑而逝。

不知她的降糖方后来如何。仅以前三个月的停药而言,此方是有效的。百度一下枸杞与苦瓜的药用价值,也可见其内在机理成立。

然而遇事又有反复,可见效力有限——不能让人临事宽心安神。

心有病,如何医?

想到汉传佛教禅宗二祖慧可觅心不可得,乃至无可安。达生之慧,大药也。

写于2019年12月23日

达生之情者,不务生之所无以为;达命之情者,不务知之所无奈何。

养形必先之以物,物有余而形不养者有之矣;

有生必先无离形,形不离而生亡者有之矣。生之来不能却,其去不能止。悲夫!

世之人以为养形足以存生;而养形果不足以存生,则世奚足为哉!

虽不足为而不可不为者,其为不免矣。

——《庄子·达生》节选

五和汤

(一)避瘟方

新冠疫情初起时,道医王先生发来语音,建议备些红霉素金霉素眼膏之类,每天出门前,涂点在鼻孔内。

以上建议仅供参考。

谢之。遵嘱去医院买了二管。其时,口罩已经脱销。

几日后见一照片,拍自古医方。上曰:旧时瘟疫流行期间,人出行时会在鼻孔中抹上香油,可避感染。

其医理路数,与王先生建议的可合并理解。

药膏没能涂几回,因为不大出门,后来出门时,口罩已成为通行证之一了。

初戴时不习惯,呼出去的气经过口罩过滤,留在内侧有一股味道。判断是自家运动少了,酸滞之气。口罩有没有防别人不知道,先把自己给闷上了。

保险起见,还是应先在鼻孔里抹上药膏或香油,再戴个口罩出门。

(二)退烧汤

古汉语中,汤指热水。如成语:扬汤止沸。

现日韩有些时候将洗澡水、洗脚水,都称为汤。

我要说的退烧汤,是泡脚水。

方子来自孙医生。

退烧方对应症状,是受寒凉感冒而引发的发烧、流涕、周身酸痛等症状。我有几年常用。

印象最深的一回,在乡下受凉发烧,昏昏沉沉自己烧了水,找不着高桶,就在喂猪食的塑料桶外套个大号塑料袋,倒水于避风处泡到发汗。一觉睡醒就退烧了。

配方很简单:香葱二三两,连根须洗净,加姜六七两,切片,入水煮开。而后倒入高木桶中,加冷水调至适宜温度双脚放入。同时,双手放下去搓脚或小腿,取手脚同泡之意。

还须有热水随时备添,以保障水的恒温。泡至周身微汗可收。通常要半小时左右,水位续添渐至小腿。

全程避风少言。

收时,立即擦干手脚。若内衣湿,可换干净的。上床睡觉,室内避风遮光。

若素来体乏脾虚者,可在泡脚收汗后,喝一小碗热汤粥,以作补济。

总结要点:一是葱姜要先煮,二是全程避风,三是要恒温泡透,四是人要专注安静。

我两三次发烧都用此方退烧,其中两次都是一泡即愈。

数年前推荐给孩子班上同学的家长,其时他家孩子感冒发烧挂水三天不见好。依法泡过之后,第二天和我说好了。

遇身体湿滞症状明显的朋友,我会荐以此方长养。总体来说,病时照做的人,见效甚快。日常养护的愿力,普遍不高。这也正常,上医治未病,未病人张狂。

(三)五和汤

五和汤是我给起的名字。

那时食素,多饮老茶,是工作劳顿、饮食不济、身心憔悴的阶段。

居然就连续咽干月余,喉咙干痒疼痛至不能发声。还偏执地不吃西药,不进医院。

偏执地想,是身体自己在调整,随它去,会好的。

忽略了好的重要前提是,得有支持向好的条件。不然也可能是,随它去,早晚会死的。

那天实在受不了,就打电话请教王医生,他回一法:你拿家里的酱油、醋、盐、白糖,再加点绿茶,一起煮水喝。你今晚喝个一大碗。

明天早上再喝一大碗。

试试看吧!

就照他说的做了。这些东西,厨房里都有。

各类调料适量配置,凭自己手感,煮出水来喝。五味俱全啦。

晚上喝了两大碗。

次日晨咽喉痛感去了七分。赶紧再煮一大碗喝了。

就彻底好了。

向王医生致谢,他也高兴。

问他这方子哪来的,说家里长辈记载的医案中看到的,他也是头一回对症说给我来试。

我琢磨个中原理。

心理状态之类不提，喉咙干痛，表明体液平衡被破坏了。此处局部生态好，才有玉液琼浆润养周身。

人体体液构成如何？多种微量元素。所以医院常给病患补充生理盐水或葡萄糖水，比起白水来，又甜又咸的水更接近人的体液。

而绿茶原有消炎作用，煮熟更苦。酱醋之用，中国老百姓不消多说，且是调料，体感熟悉度高。因之，我的症状以此法大量饮水，等于以最便捷的方式支持了体液平衡，并连带消炎。

此法向人推荐，更不易。太简单了，怎么可能有用？！吃药挂水才正常嘛。

不便强求，自己用了。

最近一次用此方，是有天练声时淋雨又值月信，清涕渐转咽干生痰。葱姜水泡过，调息睡一晚，清涕止了。晨起又乘胜追击，以酱油+生抽+醋+冰糖+绿茶，煮了一碗水喝下。

睡一觉，好了。

敬谢医家长辈。

写于2020年2月22日

沈春霞画作《山水清音》 人说燕处超然是神仙,我愿遥顺安适寄此身

　　惠子谓庄子曰:"子言无用。"庄子曰:"知无用而始可与言用矣。夫地非不广且大也,人之所用容足耳,然则厕足而垫之致黄泉,人尚有用乎?"惠子曰:"无用。"庄子曰:"然则无用之为用也亦明矣。"

——《庄子·外物》节选

六味散

天下良方众多，众人当面不识，或识而不用，莫可奈何。心灰意冷的经历多了，乃可理解先人因何强调要"食其时，动其机"。

可有些方子并不当机，却因短时生效而蒙混外行，为将来埋下祸根。世人不可不察。

那天陪一友去访某医院名中医。名医专治各类小儿疾病，小儿感冒发烧之类，名医开出药方，迅速见效。朋友来了解他的神奇事迹。

那两天正好我也不适，就请了医生开方买了几副药，回家煎服。

一碗下去，周身疲乏，冷汗下，拉肚子。倦怠到无法站立，只能躺着。

拍了药方请教王医生：这是怎么回事呢？

他直言不讳：剩下的药赶紧扔了吧！这方子不能用！

——那为什么人家治小儿感冒很有效？

他说：这人的方子，对小儿也是有害的！

——小儿感冒发烧之类，有些是生长发育阶段的正常情况，不过度就没有大问题。他的药，是大寒大泻的，解决表面症状当然有效。可同时也有损害，孩子是少阳之体，还在生长发育中，给他的药这么用，发热症状是消除了，卫气也伤了。对将来易有不良影响。

这些是将来的事了，做父母的若不懂个中原理，又怎知如此奇效之方，竟埋了来日隐患？

一声叹息。

剩下的药，我是真扔了。

按方逐一研究药性，果然寒泻。

再问王医生，那我现在周身没劲，怎么办呢？

回说，你去买六味地黄丸，一顿吃100颗，一天一顿连吃三天。

好吧！中成药好卖，照量服用。元气恢复了。

此事教训深刻。一者，不敢乱吃药了。二者，提升自学能力。

写于2020年3月2日

故曰：形劳而不休则弊，精用而不已则劳，劳则竭。水之性，不杂则清，莫动则平，郁闭而不流，亦不能清，天德之象也。

——《庄子·刻意》节选

沈春霞画作《梦里故园》
犹记那时，一切刚刚好；不似今日，丰盛里生出新的贫瘠

我们并肩站着

风不说话

它滑过山坡

把蒲公英的种子带去原野

原野不说话

它托起晨雾

鸟翅掠拨林梢的露滴

树不说话

它站直身子

伸展枝干啜饮阳光

太阳不说话

它温柔地燃烧

是父母,是永世的爱人

是春雷蓬勃开炽热心膛

我不说话

和树木并肩站着

让风吹

写于 2012 年 4 月 17 日

三隐先生摄于济南趵突泉

指穷于为薪,火传也,不知其尽也。

——《庄子·养生主》节选

神只听我的祈祷

(一)

中学老师王某,聪明人。十年期间被揪,众欲斗之。

王自备红袖章,登台振臂曰:伟大领袖说过,不许群众斗群众。咱们是自己人!

未待众人回过神来,王举臂高呼:大家跟我一起学习最高指示——不许群众斗群众!

众人从而呼之。

王又念语录若干,俨然领袖。

众人从之,俨然复读机。不知不觉就忘了初衷。

王顺利逃过一劫。

(二)

儿时,家中设旅馆。有夫妻投宿月余。老夫每日外出乞讨,少妻在家,睡觉或唱歌。歌曰赞美诗。老夫时有迟归,备饭不济,妻恼。

夫苦:我每天辛苦讨米要面换钱花,回来连口热饭都没有。

妻怒:告诉你,要不是我在家向神祷告,你一分钱都要不到!

那日老夫迟归,乞讨无果,斗胆问妻:今天你在家没向神祷告吗?

妻大怒:怎么可能?我不认真祷告,你能平安回来吗?

夫斗胆再问:你不祷告,我难道在外面还得出事?

妻:你试试看呢?

夫欲言又止。

我想建言:明天你别出去要饭了,和她一起在家祷告吧,等米和钱从天上掉下来好了。

想想罢了。

万一她说:神只听我的祈祷。我还真没法讲理。

沈春霞画作《神圣乐园》 众神说,他们为了我而存在。因此我心和美时,他们也亲如一家。

(三)

杨报考公务员。父母恐其不力,四处求人。

张三李四王二,均称会全力融通,均不打包票。

一一打点。

竟中了。

张李王悉来邀功。称还有冯六赵七刘八诸领导,尚需事成打点。

又打点。

后,杨调至局机关。某日查档偶知,当年得分甚高,属正常录取。

后,与冯赵刘同席,竟皆不识张李王。刘盛赞杨:我家女儿都没考上!

杨未敢告父母。私谓余曰:送出去的钱,还没赚回来。

写于2017年1月13日

人大喜邪,毗于阳;大怒邪,毗于阴。阴阳并毗,四时不至,寒暑之和不成,其反伤人之形乎!使人喜怒失位,居处无常,思虑不自得,中道不成章。于是乎天下始乔诘卓鸷,而后有盗跖、曾、史之行。

——《庄子·在宥》节选

最契合的搭档

(一)

那年,我的老乡兼同事王海峰结识了相声大师张永熙门下弟子李金鹏先生,就想拜师。

李先生说好啊,你最好找个帮你量活儿的。

量活儿,相声行话,指捧哏。

海峰就提到我。又来问我意愿。这个好玩。随口就应了。

几日后同去见李先生。这位爷开口生莲,一句话能拐好多弯。

夸人像骂人,骂人像夸人。三五句就跟人同归极乐了。

墙上相框里,是历年来辗转各地的演出照,莫不神采飞扬。

还有龙飞凤舞一幅字,《好了歌注》。

李先生说,来人看这字,都说好,想要,但一直没人真揭了带走。

我猜,还有一原因是,愿把"乱哄哄你方唱罢我登场"这等内容挂家里的人,没几个。

过几天,海峰说,拜师要给师父磕头,还要办个仪式请各地前辈来做见证。这仪式的花销,由一同拜师的徒弟们分担。估计得几千块。

海峰说,你要为难,现在退出也行。

磕头有点意外,花钱更意外。但人都见了,不拜也不好意思。几千块钱也割得出来。当然要逞能:我拜的!

择了良辰吉日,磕头敬酒,见了一堆师叔伯师兄弟,南来北往有名没名的,好生热闹一场。领回一箱物件,有快板,师叔师伯们的相声作品,以及写有自己名字和名号的相声家谱。

如是,算在列位先师那挂上号了。

初时,几人兴冲冲去梁爽的开心茶馆练功。背八百标兵奔北坡,背蒸羊羔蒸熊掌蒸鹿尾儿烧花鸭烧雏鸡儿烧子鹅……练了一阵,也没甚长进。舌头突然不听使唤了。

其实是个关口,却退了。上台这事儿就不想啦。买了套《中国相声大全》来看。此中有门道,三翻四抖妙趣无穷。入迷,兴起,就写起相声剧本来。

写完自我感觉良好,简直就是上春晚的素材。

李金鹏先生迅速掐灭我的大梦:老祖宗的东西还没学多少,你竟敢自己写本子了,不要好高骛远!

一两年后,又有张家门下师兄丁少华,愿给我量活儿。改了说唱的小段子,还去他所在的湖西街文化站练过几回。临到终于有机会上场时,我又退缩了。

不是怯场,是此时才突然认识自己——那种要在人前提着劲儿的表演方式,不是我内心喜欢的。

我只想心平气和地说话。

那就没得玩咧。

丁师兄找过我几回,我躲啊躲的,欠人家这搭档的梦,也就赖账了。

（二）

好吧！

与相声缘分一场，只剩逢年过节凑份子给师父师爷送礼啊，师兄弟们结婚生孩子之类出份子啊，相声门里遇了事儿，咱以职务之便写个稿子啊……后来离职，发不了稿，再后来，送礼的钱也掏不出，就玩消失了。

最近一次和师父通话，是被动式。朋友打通我手机，突然说：你和师父问候一声啊！

只得问候：师父你好啊！

师父在那端徐徐回应：我啊，不好不坏，阎王爷还没收呢！

我：好久没去看您了……

师父：你现在又用不着我，看我干啥呢？不用浪费这时间！

好吧。他说的是实话。

还有句实话，我没好意思回他：您老人家也用不着我。不然，您也会找我的。

两不找，多好。各自清静。不再彼此需要又免了客套的关系，让人安心。

（三）

《庄子·徐无鬼》篇中，庄子跟随从讲故事。

说郢地有人以蚊翅大小的白土涂在鼻尖，找匠师拿斧子来削。匠师挥着斧子呼呼带风，削去白土，鼻子完好无损。

宋元君闻之好奇,召匠师去表演。匠师说,我是能砍掉鼻尖上的白点,可我的搭档死了,这表演做不成啦。

庄子以此故事怀念惠子。

他俩机锋往来,亦如相声演员般捧来逗去。互损互益,搭档之乐也。

惠子一死,庄亦孤独。

我等读庄,妙趣处,合当深谢惠子,以其慧语,激荡出庄子观鱼忘机,蝶梦南华。

由是想到,我入相声门一事,竟是庄惠之反证——若王海峰当年选对了搭档,今日相声江湖,或是另一番景象。

（四）

回说李金鹏先生。

我以为,老爷子受得起我磕下去的头,和那些年孝敬他的礼。

和相声没啥关系,和他的活法有关。

有回送他鞋,碰巧老爷子欢喜,说就爱这种一脚蹬。

"我这人懒。懒得活,也懒得死。懒得做梦。连腰都懒得弯。这鞋好,不用弯腰系鞋带!"

可就是这位自称不愿弯腰的懒人,每回见到师爷爷张永熙,却都迅速迎面跪下:"师父好! 徒弟给您磕头啦!"恭恭敬敬三个响头。

偶尔同往,见一个花白的脑袋磕向一个银白的脑袋,我等后生,倨傲全无。

李先生数十年演出,或捧或逗,台上换手搭档,不可计数。台下呢,辗转多地,浮沉俯仰间,又不知有多少搭档,来了又去。

仅师娘,就换到了第三任。

想必每一任,都曾发誓要天长地久的。

奈何天下搭档,不论亲疏恩怨,终将散伙。生离,或死别。

人于这捧逗间、拆卸间、聚散间,不断回归孤独,再出发。

如是往返,炼就一团和气,刀枪不入。

可随时磕头谢师的懒人李先生,至人也。

(五)

庄子亦然。亡妻鼓盆,失友怅惘,搭档相继换档。

相伴最久、最后谢别的搭档,却是自个儿。

遂有那,虚舟游刃,忘机吕梁,活泼模样。

写于2017年12月13日

泉涸,鱼相与处于陆,相呴以湿,相濡以沫,不若相忘于江湖。

——《庄子·天运》节选

唇 膏

舅姥爷系紧棉裤,两手揣进棉袄袖笼里,挺起胸脯走到村口。

腊月的太阳很好,老墙根蹲了很多老人。他们聊天捉虱子骂娘。

老人们面色枯黄,舅姥爷也一样。但他的嘴唇明晃晃,光亮异常。

有老人凑过来看:小龟孙胡二,今天吃什么好东西啦?

舅姥爷眯起眼睛一笑,抿了抿嘴唇,咽一下口水:没吃什么,就是红烧肉嘛!

红烧肉?你家哪来的红烧肉?!

人群陡然振奋。一阵急慌慌咽口水的声音过后,个个伸长脖子向他凑过来。

舅姥爷腰杆更直,狠狠清了下嗓子:二闺女婿今天来,带肉给我吃的!

啊?有福啊!这女婿比儿子还孝顺!

众人的目光投向舅姥爷,恨不得瞪回一块红烧肉来。

舅姥爷只是笑。伸舌头舔了下嘴唇,双唇黯淡了不少。

他刚一开口,就打了个响亮的嗝。嗝声带出生蒜味儿。

没有肉味。

剃头匠李光头猛嗅几鼻子,伸手摸舅姥爷的嘴唇,凑到自己鼻子边再嗅。

咦,你吃肉还是吃蒜的?怎么打嗝闻不到肉味儿?

刘铁匠取笑李光头:哟,你吃不到肉,闻闻肉味也舒坦!

其时,舅姥爷家里,我正站在凳子上够檐下的吊篮。

我失败了,摔倒在地,磕破了嘴唇。

哭声招来很多人,包括舅姥爷。

小娃想偷什么吃的?跌倒啦!

我泪沉沉看他:我也想拿肥肉擦擦嘴,凭什么你擦不给我擦?

舅姥爷脸上红一阵白一阵。满屋子乡邻,不知何时散的。

没人去碰吊篮。那里面有一小块肥肉,是舅姥姥帮活时偷偷带回来的。

后来,他再没拿那块肉擦过嘴——作为擦锅润滑之用,那肉一直擦到春节,才被分几顿吃掉。

此刻,我坐在车上。对面女郎举镜化妆,把双唇涂得猩红。她噘唇、翘唇、咧唇,旁若无人。

终于完工,她完美的双唇像从一次热烈的亲吻中刚刚解放出来。

环顾左右,女人们的唇上涂着各种肉色。

突然想到舅姥爷,才惊觉世道变迁——曾令他闭门思过尴尬半年的一次造假之举,如今竟成时尚。乃至,礼仪。

2014年2月首发于朱赢椿主编的《肥肉》

纯素之道,唯神是守。

守而勿失,与神为一。

一之精通,合于天伦。

野语有之曰:"众人重利,廉士重名,贤士尚志,圣人贵精。"

故素也者,谓其无所与杂也;纯也者,谓其不亏其神也。

能体纯素,谓之真人。

——《庄子·刻意》节选

沈春霞画作《活色生香》　发光,行走,绽放。然后,我停下脚步,静美如初

买了你不亏,早晚要涨价

(引子)

读《山木》九篇,屡屡以为有所得,到末了无所得。

空余一笑。

想来也是,木秀于林,风摧之。木朽于林,天摧之。

如何不被摧?

木生于一处,死于一处,不想这事。人有脚能行,有头脑能思,就爱琢磨。

就琢磨出了些妙人趣事。

(一)

清儿欲息减尘缘,又想开源生财。抉择再三,选中炒股。

牛刀几试,果然盈利。

飘红之际,各种消费改善生活。

炒股需专注,需全力投入。偶有精力不备,跌落者甚。如是几番,渐生亏损。

未来如何,殊未可知。虽有少量本金参与,余已淡然待之。

由他玩儿去。

是他玩股,还是被股玩,孰知?

无非,拿些精力折腾进去,再拿些钱,以改善生活为名,挥霍出去。

生命不息,折腾不止呀。

（二）

由《山木》想到《越人歌》。

——山有木兮木有枝,心悦君兮君不知。

中专时有位同学,高且帅的男生,名字里有个鹏字。常捧一本《周易》研读。

某日,他喜欢上一低年级女生,是暗恋。痴情许久,不曾表白。

某日,暗恋淡了,化了,没了。

鹏先生笑曰:我喜欢她,她不知道;我把她甩了,她还不知道!

二十年过去了,一直记得他这妙语。

深深的寂寞,如是自解,省去许多折腾。看来《周易》没白读。

（三）

朋友母亲受凉发烧,体温39度。来电向我讨方子。

嘱以葱姜烧水泡脚,各种细节一一详告。

朋友谨记。

两小时后来电:我妈现在体温怎么只有35度了?

问他,还做了什么?

说,严格按照你所说的给她泡脚了。同时,怕不管用,还吃了退烧药。

好嘛! 少则得,多则惑。

若招术再多上些,会不会整出个冰妈妈?

(四)

姑娘开茶店做生意。某日来诉苦。

说,我卖茶给一个人。她第二次再来,我看她喜欢,就给她便宜些;第三次来,谈得更开心,我就算她更便宜些。

然后呢?这人会很感动吧!

"她竟然生我的气,说,原来你之前赚了我这么多钱!——你说,我该咋办?"

我笑:下回,你就对她越卖越贵。跟她讲,这茶好,量少,优先给您留一些。估计很快又要涨价了!

(五)

同窗燕儿,妙人。

某日,请我吃水果,说:给你一只苹果一只梨,我接过来看,全是梨子。

她近视不假,竟能将两袋相同的梨看作不同,再分别买下,超能力。

某日,要我请她吃饭。我没带钱。她说,我带了,我借给你。于是,我借她钱请她吃饭,回头再还她。

毕业数年后,某晚,从外地打电话给我,说跟男友吵架,她一气,就跑大街上了。

——吴聪灵,我把他电话号码给你,你打电话告诉他我跑出来了,很难过,你劝了我半天都没用!你让他到我这边来找我,求我回家吧!

奈何我不想入戏。

——你想回家自己回就是,干吗还要他来找你?这电话我不打。

不知她有没有找了别人打电话。

反正后来,男友成了老公。反正婚后她管家。

反正,成功地驾驭着生活,又被生活所环抱。可谓良性平衡。

写于2017年8月25日

沈春霞画作《相映》　鱼和鸟游过,云与雁照过。我心终是,恬甜春波

　　自伐者无功;功成者堕,名成者亏。孰能去功与名而还与众人？道流而不明居,德行而不名处;纯纯常常,乃比于狂;削迹捐势,不为功名。是故无责于人,人亦无责焉。

——《庄子·山木》节选

化妆，写字，看花

（一）

早上巴巴儿地试衣，化妆，只因下午约好要采访某公司老总。大咧咧恐跌了单位的份儿。

好歹化完咧，一张脸上多了些颜色出来。将出门时，同事来电说，老总有事，采访时间改了。

妆白化了。也罢，便宜路人甲吧！换双平底鞋，大咧咧出门，奔办公室。

适才到家洗脸，睫毛的长度骤减三分之二。如你所想，那洗掉的部分，是拔丝拔出来的。老实说，我还是更喜欢摸洗过的清爽爽的脸，涂的那些个东西，化工颜料哎。

悲催，明天早上还要再涂。好在，明天晚上还可洗掉。

哪天寿终正寝了，我一定是不要化妆的。先把遗言搁这一句。

（二）

做副刊编辑要找文章。寻名人博客，看文字，无感的多，欢喜的少。盖因文字的气息不适，少了热与光，哪怕词藻再丰，语再惊人，断不是我想要的。既是我不想要的，就更不是我想透过媒体平台分享出去的。

当然，也有中意的。那是从心里流淌出来的文字，有着毫不造作的真诚，与自然焕发的感染力。与矫揉而出虚张声势的那些不同。

哎,还不如自己多写点正经文章。

(三)

买了20支花骨朵,说是黄玫瑰。我感觉像小型的月季。这不重要,总之是散着香味的,是不管天崩地裂都要开放,不恋太平盛世也要凋零的,是从不瞻前顾后如我一般胡思乱想的。

插在瓶里,一夜过来,花苞已绽严了瓶口。适才换水,美得像假花——又坚硬又柔软。

再过一夜,它们会软下来,疲沓下来。然后颜色发暗,瓣瓣零落,在时光里老死。任再新鲜的水再充足的阳光,也挡不住它的萎谢。

多好。它要一直开着,我哪还有这心情去买来供着,欢喜地对着呢?而况,还有一说,是,化作春泥更护花。

生生不息。

此刻,醉入花香。我是一枚种子。随时随地,成住坏空。空,而欢喜。

(四)

夏夜。陪伴我的有蚊帐,还有蒲扇。躺在床上时,握着蒲扇给自己送风,常要乐到发笑。隐约闪回儿时的细节,是母亲在夏日的蚊帐里用蒲扇为我驱蚊的情形。稍带也把我给凉快了。

电扇为什么能摇头呢?用了几十年,突然有此疑惑。烦不了,我也跟着它一道摇摇吧。

我摇不出风来,但我的脖子后面,可以摇出嗒嗒嗒的声音。

我可以摇得比它快,也可以摇得比它慢。还可以划着圈儿上下左右地摇。

人工自控的还是比机械控制的灵活,虽则有时就不大可控,却也有不可控的美。

阿Q说,孙子才画得圆呢,这是泄气话。圆规肯定不会认他做爷爷的。

(五)

我运动去了。

然后,还要写些和别人有关的文字。

那是工作要求,和化妆一样,是我问候这个世界的方式。

写于2012年08月13日

沈春霞画作《闲暇》 芦花飞得比鹅高,鹅儿游得比芦花远。最高最远的,是挥杆少女那颗心

众罔两问于景曰:"若向也俯而今也仰,向也括撮而今也被发,向也坐而今也起,向也行而今也止,何也?"

景曰:"搜搜也,奚稍问也!予有而不知其所以。予,蜩甲也,蛇蜕也,似之而非也。火与日,吾屯也;阴与夜,吾代也。彼吾所以有待邪?而况乎以无有待者乎!彼来则我与之来,彼往则我与之往,彼强阳则我与之强阳。强阳者,又何以有问乎!"

——《庄子·寓言》节选

80

第1356号运动员

(一)

那青年,曾是110米跨栏世界冠军。

栏,是一步步跨过去的。人却称他"飞人"。

并愿见他,一直飞。

奖牌增,伤痛亦增。终于,爆发——

1356号运动员,带病上场,痛极折返。

13亿人民56个民族,荣光原非赖他而生。声名盛大,附会之物,更易剥落。

所幸,伤还能好。

他既已放过自己,上天也赐他,行步如常。

(二)

鸟栖枝上,晨鸣。

聋者赞:好美的羽毛!

盲者叹:好听!

耳聪目明的人,苦思不解:它连叫七声,是要给我什么启示?

远方,晚风摇木。

静坐者,默然而笑。

(三)

楚王与凡君同坐。

凡君身心同坐。

楚王身坐心散。下属投其好,频告曰:凡国灭啦。

(楚王我等着瞧热闹,凡君呀你为何没反应?)

凡君闲坐。见楚王神摇,乐了——

凡国灭,我未随之灭。可惜呀,楚王已不在!

究竟,这是灭了谁的国?

(四)

魂不守舍的人呀,速速收神摄魄,定心凝神。

成为,自己的国王。

清恬心地,适此乐国。

写于2018年3月6日

其为人也真。

人貌而天虚,缘而葆真,清而容物。

物无道,正容以悟之,使人之意也消。

——《庄子·田子方》节选

看,好美的万花筒

生于斯世,未遇庄子。前人典籍传世,言之凿凿,读而领会,以为贤哲也。

吾之所谓庄子,吾依外摄信息创化之形象也。以此创化为师,自度之径也。

《庄子·外篇》作者,历来存疑。《天道》尤甚。盖因其仁义道德,修身治世之言,颇类儒家口吻。

然则吾所读者,南华焉?蝶梦焉?

读是不读?

若为效仿他人,既已存疑,不读也罢。

若为自证真理,则天地万物,皆为吾镜鉴之机。

天书无字。有字之书,又何堪穷究。

儒言既得传世,自有其用。个中要旨者,序正人伦,知常日用,亦天道也。如是,读庄读儒,未尝有别也。

恰如孩儿观万花筒。

光,物,镜像,三家相会乃生变化。

光为天生,物不曾一刻有定也,镜像本空;空生万变,我观之呼妙,顷刻又变矣。

自家所见尚不可捉摸,又可与谁所见不二?

各个观之,悉称美妙。或可于此妙处会心,以为知音。

却问,妙端何在?

《天道》末章云:所读皆糟粕也。若可由有字入无字,则得意忘言,离境见光。

不然,不读也罢。

此文,亦然。

写于2018年4月3日

沈春霞画作《家园和美》 有你同在,我才敢疯一般地绽放

　　天下奋栋而不与之偕,审乎无假而不与利迁,极物之真,能守其本,故外天地,遗万物,而神未尝有所困也。通乎道,合乎德,退仁义,宾礼乐,至人之心有所定矣。

——《庄子·天道》节选

拥有一个人的爱就够了

拥有一个人的爱就够了

世界之大 各个喜好不同

我若贪求众爱

太易混乱迷失

累死自己

拥有一个人的爱就够了

这人

不能今天是你

明天又是他

不然你们所爱不同

我跟着变来动去

还得死

拥有一个人的爱就够了

这人若是你

请别今天爱着

明天就变了

你若像天上云朵捉摸不定

我心将如水上浮萍

流浪飘零

拥有一个人的爱就够了

难哪

世界这么大

连一个不变的你

都找不到

拥有一个人的爱就够了

想来想去

这人最好是我自己

虽然 连我自己

也在变个不息

所以最好是每一刻的我

爱着每一刻的自己

不管我如何变化

我只爱那一刻的自己

拥有一个人的爱就够了

爱每一刻的自己就够了

每一刻

我把自己爱够了

我会像花一样开放的

我的香

若随风润养你心田

不用谢

你要谢的花

已零落成泥

春来再护花

>　　写于2018年2月11日

吴聪灵摄于海南

　　人能有游,且得不游乎？人而不能游,且得游乎？夫流遁之志,决绝之行,噫,其非至知厚德之任与！覆坠而不反,火驰而不顾,虽相与为君臣,时也,易世而无以相践。故曰至人不留行焉。

——《庄子·外物》节选

兄妹一场

(一)

与沈坚兄可谓不打不相识。

其时,我身为记者,奉领导之命,到他公司处理读者投诉,他是老总出面接待。

几句交锋下来,就知道他占理,可我还想仗着"媒体人的优势"来个"维权成功"。

我再说"顾客就是上帝"之类,他把桌子一拍:今天就是×××来了,我也是这个态度!

×××是大领导的名字。

不知怎地气氛就缓和下来。

到末,他退了部分款项,我又退回他一点。

他送我出店门,问我鞋子码号,送上一双水牛皮拖鞋:今后,咱们就是朋友了。

(二)

后来某天,就找我帮他公司写文案,每年冬夏两季做产品宣传。初时,听他说"只想做最好的产品,可开拓市场不易,因此要付出更多"之类,只当是生意人惯用语,未太当真。

直到那天,母亲将他公司的羊毛床垫铺了来睡,大喜:这个睡了真舒服!我好久没睡过这么沉的觉,一不小心睡过头了!

那床垫,是母亲唯一主动找我要过的礼物。

自己再睡,也觉得好。此后几年体寒,一年四季就没撤过垫子。有这些切身体会,再下笔理文案时,气息就顺畅许多。

某天,就此专程谢他。

他颇为激动:我只想奥林只卖最好产品的,可是新店员短期内卖不动大件,会难受,只好配些小件平衡下,给他们练手。

在理想与现实之间取乎中道,持衡而行,这恰是我短缺的能力。

(三)

我辞了媒体工作,应缘创办公益组织,他自己捐款,还介绍朋友来出资支持。

后遇低谷,于此中深味世态。逢年过节,较往日冷清许多,方知先前那些高朋,并不全是我的高朋。但,总还有奥林员工来送节礼——那时,我忙于个人事务,已许久未给他公司写文案了。

一个"没了利用价值"的人,仍在慰问之列,心里是有别样感触的。

我又从公益组织辞职,他适时接上来,说要请我做顾问,给点费用,希望我别嫌钱少。"主要是咱们多些时间交流。"

分明是临危济困,却给足了台阶。

而我这顾问,初时身心俱疲,每周半天的例会,也难周全。有时睡过了,就如实和他说,今天起晚了,向您请假。

他说,好。从不多言。

我这样一个口无遮拦的"顾问",如何措辞得体,其实是在这个给我很大包容的空间里,学会的。

后来对他更多了解。

说,早先做生意,只想自己多赚钱,后来见员工赚得多,更开心。而今,其他渠道的收益远远超公司,还省心,可奥林就像他的大孩子,比一双儿女还年长,抛不下,就还想带着员工们成长。

心有良愿,未必人家愿意跟随。而况员工受固化视角影响,也难以"老板思维"看到更多。领导者就要身先士卒,苦口婆心,乃至更多。

(四)

2019年经济形势转折,市场萧条,他个人垫付了数月薪资,同步推进员工培训。次年疫情乍起,诸多企业自杀式降价无奈关门,团队力量稳步夯实的奥林,已是柳暗花明。

"我对奥林的未来充满信心。我们要做最有尊严的团队,为市场提供最好的产品。"他的激励给到一线员工以信心与希望。

偶尔会想,不知我送他那套《毛泽东选集》是否对此激情有所助益?不论怎样,见此情势是欢喜的。

就从他身上,看到更多中国企业家、尤其是民营企业家的坚忍与担当。每个行业,都是长长的产业链上一环,每个企业,都是许多家庭的生存所系,个人发展所在。领导人的挺住、突围、率众蜕变,何尝不是红尘中的金丹大道,不断升级的鲲鹏之化。

书斋枯坐,漫说清高。游起来,才得真逍遥。

(五)

近日,为出书筹款,就想到沈兄。性格使然,工作之外其实与他私下交流很少。我费心想了好些回报环节,以期他能乐意赞助。开口没说几句,他回:聪灵你放心,兄妹一场,这件事情我无条件支持。你什么都不用考虑……

一腔诚意,让我的机心算计,零落一地。

合十而谢。

晚间归来回想,有泪。

问问自己,这些年来,真正了解他多少,竟不敢自答了。

识与不识,又能如何。回视自心,消除壁垒而已。

商品礼品,金钱文章,他的我的,过手的又是谁的。

且共此一腔诚意,过手传温,慰藉后来人。

写于2020年9月15日

沈坚

学者,学其所不能学也;行者,行其所不能行也;辩者,辩其所不能辩也。知止乎其所不能知,至矣;若有不即是者,天钧败之。备物将以形,藏不虞以生心,敬中以达彼。若是而万恶至者,皆天也,而非人也,不足以滑成,不可内于灵台。灵台者,有持而不知其所持,而不可持者也。

——《庄子·庚桑楚》节选

唱歌童子是谁

五名临终者,住进了同一间病房。在最后的时光里煎熬。

他们各有不同信仰。金教徒,木教徒,水教徒,火教徒,土教徒。

(教名纯属虚构,以免对号入座)

他们的痛苦与恐惧相同,却无法互相慰藉。并且,视另四人为傻瓜,坏蛋。

那日,偶然来了个孩子。

孩子站在病房前,偶然唱起歌:

——世上只有妈妈好,有妈的孩子像块宝,投进妈妈的怀抱,幸福享不了。

反反复复,童声清脆。

五人泪下。心满意足,含笑而逝。

各个荣归各教天府,在天之灵谢告各个上主:

——感谢您派来的天使,帮我战胜了另外四人的搅扰,成功解脱!

上主(以金木水火土之相各个示现)笑曰:傻蛋呀,竟被所学茧缚。你只知是我徒儿,竟忘了你与他们一般,本来是人,一直是人。

徒仍有惑:那唱歌童子是谁?

上主垂目：童子是谁，不重要。汝之童真未失，是至福。

写于 2018 年 1 月 15 日

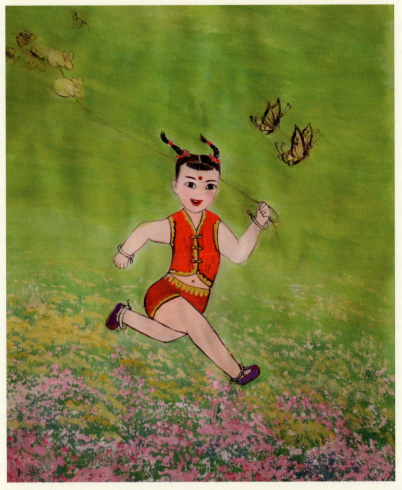

沈春霞画作《活泼生机》　所幸一直没忘了这点，我还是个孩子

知天之所为，知人之所为者，至矣。

——《庄子·大宗师》节选

渔父夸父都在跑

(一)

人站在太阳底下,就有了影子。想甩掉影子,怎么办?《庄子·渔父》篇中,如是取笑人的自我挣扎——那人为了摆脱自己的影子,拼命奔跑。结果跑到哪,影子都跟着。累倒趴下了,仍有阴影。

世间做事亦如此,凡事之两面性,端看人如何取舍,考验抉择与平衡能力。

书中给人开的方子是,直接往阴凉地里一待,自家没了光环,影子也就没了。

与此类似的情境,还有《山海经》中的夸父。跟太阳赛跑,跑到太阳落下的地方,还不停歇,喝干了两条河,继续跑。结果没等到达第三条河,就渴死在半道上了。化为桃林,以其执着精神,成为英雄导师。

倘两个故事同时搬上屏幕,完全可用同样的画面呈现——一个人在日光下,疲于奔命地跑啊跑。

英雄焉?傻瓜焉?苦焉乐焉?

局中人如何自知,局外人又何由妄议。

(二)

关于渔夫的故事,两个版本最风行。

其一:

一打鱼老人在海边欣赏夕阳。有人劝他,你为何不多出几趟海呢?每天多打一些,可以攒钱换一条大船,然后打更多鱼,赚更多钱……

然后呢?

然后你就可以每天坐在海边悠闲地欣赏夕阳了。

老人曰:我现在就在过这样的生活啊!

其二:

童话《渔夫和金鱼的故事》,渔夫渔婆清贫度日,原本没啥念想。偶然放生了一条神鱼,渔婆欲望不断膨胀。直至泡泡破裂,一切回到从前——在她前面的,还是那只破木盆。

昨日种种,一场大梦。

(《八仙过海》里,吕洞宾即因类似一梦,顿时心地转换,格局跃迁。)

(三)

从折腾到止息,故事看似不同,不过都是移步换景的折腾与止息。

苏轼一诗所述,道尽其情——

庐山烟雨浙江潮,未到千般恨不消。

到得还来别无事,庐山烟雨浙江潮。

消恨即磨镜。磨镜未尽之际,所见皆是魔境。待见心平如水,镜圆生光,乃可兀自悠闲,看水穷云起。

人生天地间,寄身若粟。渔父夸父,概莫能外。以魔境作磨镜,看人待己,种种到与未到,消与未消,又何曾与烟雨江潮相关。

还来别无事,说的不是烟雨和江潮,恰是心地廓然,清静无染。

见山见水,还是山和水。

写于2018年7月18日

礼者,世俗之所为也;真者,所以受于天也,自然不可易也。故圣人法天贵真,不拘于俗。

愚者反此。不能法天而恤于人,不知贵真,禄禄而受变于俗,故不足。

——《庄子·渔父》节选

三隐先生摄于杭州西湖

他把手枪给了我

同事把他的电话转给我时,他说自己在长江大桥上徘徊,正在犹豫要不要跳。

问他还有多少钱,说二十几块。就让他坐公交车来报社。

我在一楼接待大厅听他的故事,看他提供佐证故事的各种资料。

他是河北人,少时受父辈牵连,被人改大了年龄关进牢里。

出来时三十大几,父亲已在狱中去世。姐姐因为照顾母亲,一直未曾婚育。

他就偷了人家的孩子送给姐姐做女儿。又坐牢了。

这次自作自受,活该。他悔过自新,省下补贴给一山区女孩助学。那女孩读完小学考上中学,给叔叔写来感谢信。她以为帮她的是一位警官。监狱查到是他,一时成为正面典型,并促成了他与女孩的见面。他因之获得减刑。

刑满释放那天,警官对他说:再也别回来了!他说,一定的!

凭着在监狱里学的手艺,他在社区找了份工作,隐瞒了过往经历。一两年后成家开出租。有了女儿浑身干劲。女儿被查出脑瘫,攒点钱就去求医,收效甚微。爱人也病了。好歹筹足做手术的钱,一万八。

那天四川大地震。电视里的画面,让他想到了1976年的唐山大地震。那时他在服刑,警官奋力营救,他这个罪犯发现,原来自己也是一个值得活下去的人。现在,自己还可以去救人。他一激动,带上一万八去了四川,整了铁锹镐头之类,带领志愿者们忙得热血沸腾。

爱人是在电视报道中看到他的。回家了,钱没了。爱人哭,媒体却来采访抗震救灾的英雄。他一激动,就讲了过往历史,英雄竟是浪子回头。以为会有人来帮爱人治病,没有。左右邻居看他们的目光,却变了。爱人要离婚,他就想找钱。

有钱了,能帮爱人治病,把日子正常过起来,家就能保住了。

他想到在震区结识的人们,来自全国各地,其中一些很有地位。他们和他说,老刘,今后有难处,来找我!他真就上路了。一个个找下来,没得到期待中的帮助。到南京时已山穷水尽。

他讲了近两个小时。听完之后,我上楼给他提到的监狱警官打电话核实。所言不虚。

下来问他求助的目标,说想在南京找个工作,再苦都不怕,能有吃住,再稍赚点,到过年时给爱人孩子带回去。我说试试吧,写个报道也许有人愿意帮你。前提是你要自立自强。

报社楼下就是兴业银行。我去取了点钱过来给他。他推辞,我说,这是借给你的。你以后有钱了,碰到需要的就给他们,算是还我。他就跪了下来,腾了手从小包里掏出两件东西给我,哭出泪来。

是手枪和警官证,假的。

他说,这一路碰壁,很多次想铤而走险。想到曾答应过警官,再也不要回去,又忍下了。

想死,又丢不下妻女。

又说,很多记者采访过我,你是唯一一个认真听我说话的人。又说,没谁给过我这么多钱。

这两句,我没当真。但我知道,他是真需要倾听,也需要钱。

他说:我向你保证,今后再也不会做任何违法乱纪的事了。再苦再难,我也要走正道。

让他找地方住下,手机保持畅通。上楼将情况汇报给总编,商量决定,报道中隐去假枪假证这一细节。遂有好心人提供工作,让他去工地做保安,包吃住。几个月后,他回一趟老家,再来时,给报社送来一箱脆枣。

最后一次见他,是那年春节前。他说赚的钱寄给爱人治病了,年前回家路费紧张,来找我借500块。说以后有钱还我。我给他600块。另外100块让他买份礼物给女儿,祝她新年快乐。

后来离职,换号码,再没见过他。

这事多年未提,此际回顾,当时帮他实是为己——若他再得不到支持,完全失去信心,走投无路之际,很可能枪口所对着的人,就是我。

  而他掏出假枪假证交给我时,眼里的光亮和温热,是他自有的。

写于2016年4月2日

惠子谓庄子曰:"人故无情乎?"庄子曰:"然。"惠子曰:"人而无情,何以谓之人?"庄子曰:"道与之貌,天与之形,恶得不谓之人?"惠子曰:"既谓之人,恶得无情?"庄子曰:"是非吾所谓情也。吾所谓无情者,言人之不以好恶内伤其身,常因自然而不益生也。"惠子曰:"不益生,何以有其身?"庄子曰:"道与之貌,天与之形,无以好恶内伤其身。今子外乎子之神,劳乎子之精,倚树而吟,据槁梧而瞑。天选子之形,子以坚白鸣。"

——《庄子·德充符》节选

三隐先生摄于蓝田玉山

吴仕美的慈善曲线

四十年前,仕美就是名人。然则至今未上过热搜,盖因"无偿收养孤残老人"之类素材,不具备炒作价值。

关于她几十年来如何辛劳勤勉,收养孤残流浪人士,养老送终之类,故事可以哭掉5包纸巾。有心人请上网搜索,此处不谈。

只说她近来心愿——对失智失能老人的康复治疗,她有独到经验。除贵州遵义仕美爱心养老院的诸多成功案例外,一些居家失智者或由家属按方养护,也得痊愈。

就想把经验推广到其他养老院,乃至更多处。

将经验免费上网公布,主动向人推介,各种求转发。无问津者,亦无践行者。

遂有高人献计:把你的经验申请专利吧!有了知识产权保护,再收费推广。让人意识到,此中有利可图,同时以专利技术要求他们把事做好。就有路了。

仕美说,我不想要产权保护,我希望全世界的人都来免费用。这样对老人有利。

高人曰:你无偿给人家不要,你有产权了人家才会高看啊!你的方法是对老人好,可执行的人没好处,甚至比以前赚少了,人家干吗要做?敬老之所以需要社会倡导,因为不是最大本能啊……

听来有理。于是提交材料,花一年时间领回三本国家专利证书。失智人康复专用的椅子、床铺以及隔音软包遮视房间,等等。

此举能否促进经验推广落地,有待观望。眼前,年逾六旬的仕美姐却意外完成了她个人身份的转型——这位慈善事业践行者,又是多项专利持有人。

未知,那些可由她经验方法得益的人们,能否因之高看于她,继而俯首依方践行,老吾老以及人之老?

行愿访世,绕这么大一个圈子,说着堪笑。本来,却是仕美自家心上,正大光明直路一条。

写于2020年9月15日

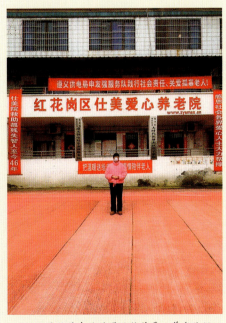

吴仕美在她的遵义仕美爱心养老院门口

颜回见仲尼，请行。曰："奚之？"曰："将之卫。"曰："奚为焉？"曰："回闻卫君，其年壮，其行独。轻用其国而不见其过。轻用民死，死者以国量，乎泽若蕉，民其无如矣！回尝闻之夫子曰：'治国去之，乱国就之。医门多疾。'愿以所闻思其则，庶几其国有瘳乎！"

仲尼曰：嘻，若殆往而刑耳！夫道不欲杂，杂则多，多则扰，扰则忧，忧而不救。古之至人，先存诸己而后存诸人。所存于己者未定，何暇至于暴人之所行！且若亦知夫德之所荡而知之所为出乎哉？德荡乎名，知出乎争。名也者，相轧也；知也者，争之器也。二者凶器，非所以尽行也。且德厚信矼，未达人气；名闻不争，未达人心。而强以仁义绳墨之言术暴人之前者，是以人恶有其美也，命之曰灾人。灾人者，人必反灾之。若殆为人灾夫。

——《庄子·人间世》节选

语 言

——2018年江苏高考命题作文

老子曰:信言不美,美言不信。

庄子曰:言无言,终身言,未尝言;终身不言,未尝不言。

鲁迅曰:当我沉默着的时候,我觉得充实;我将开口,同时感到空虚。

刘震云曰:人一天中有用的话,不超过十句。

2018年江苏省高考作文题,是《语言》。谁若追步圣贤玩深沉,交白卷,必得零分。

生生把人整成话痨。

奉中专同窗班长涛哥之命,来写高考作文。咱们班是一群没参加过高考的人。那时,成绩好的才能考上中专;中专考不上,还可读三年高中再试试考大学。当然也不乏成绩特好,家里不差钱的,继续供读高中。

如今不是了。以南京为例,近半的初中毕业生,或将没有高中可读。故在写命题作文之前,为着支持要参加中考的儿子,我写了两篇他三模的同题作文。而后讲解,勉力辅导。我猜,字里行间与故事背后的情感关注与鼓励,比作文本身更易为吾儿会意。

得意而忘言,不易。由言而会意,更难。

与朋友聊孩子的语文学习,说小子的阅读理解有些困难。

——他认为明明讲的是这个意思,可老师给的标准答案却是别的意思。他认为答案不对。

难为娃娃了。2017年某地语文高考卷的阅读理解题,连作者本人都答不出来。

你能用别人理解你的方式来理解你自己的表达吗?你原文想要表达什么不重要,出卷老师理解的,才被认定是对的。

笑话冷,考生的心更冷。

怎么办,高考还在继续,只好适其所限,取其所长。

就想到吾儿阅读理解能力提升的路径之一——读古诗文,与古人会心,会意。进入那个情境去。而后推古及今,人心一如。

《登幽州台歌》的孤独,你有过吧?只剩你一个人在小学校园门口等我去接你回家时翘首盼望的心情就是了。

《闻官军收河南河北》的喜悦,你有过吧?贾一凡哥哥瞒着我带你去吃冷饮,是不是特别开心?他拍了照片给我看,并让我保密,我都保密三年了。

《醉翁亭记》的愉悦陶醉,你领会过吧?第一次见到大海,你雀跃着踏浪大呼小叫的时候,临走时在沙滩上写"大海不再见"的时候。你以为写不再见,就可以不分开了……

古人和你,历事不同,感受大抵类似。都是同样一颗心在体悟生命啊!

这下懂了。真懂,是用自己的生命和别人的生命共振,是用你的心,去体会别人的心。

能让你读懂别人的文章,是好文章。能让人看见自己的文字,是好文字。

天下人爱说,我懂你,轻易出口。真懂你的人,没有废话。

吾友玄子说:一双不评判的眼睛,是多么好的疗愈。

至言。

你总能回忆起一些眼神,是懂你的眼神。那眼里有宁静的海,安放着千言万语,只字不溢。

这时刻鲜有。此中会意,一次足矣。

从此不必,独怆然而泣下。

写于2018年6月12日

物固有所然,物固有所可。无物不然,无物不可。非卮言日出,和以天倪,孰得其久!万物皆种也,以不同形相禅,始卒若环,莫得其伦,是谓天均。

——《庄子·寓言》节选

《她》有穿越暗夜的力量

人虽皆因父母交合得命,却受后来熏染,将此先天大能视作异端。仅此一念悬隔,谬之万里。发此兴叹,因看了法国电影《她》。

于佩尔主演,并获金球奖剧情类最佳女主角荣誉。

吾友玄子推荐一看。搜影评,知剧情狗血,就不想看。玄再荐。看了三遍。真好。

之前看的影评,不满意。当仁不让,自己来写。

评一:关于性

一个人对性的态度,是形成其人生观世界观价值观的基本底色。东方人观影,容易见到性就忽略了其他,因为这一关把人卡住,就无法看向更深层面。

女主通透得很。有了生理需求,她自如宣泄。遭遇侵犯,她冷静收拾,处理后事。善意取悦不被尊重时,她就直接向闺蜜坦白了和人家老公的私情。

她不赋予性以额外色彩。

剧中也涉及到闺蜜同性之爱。我所看影片应被剪辑过,但不影响主旨表达。

女主与闺蜜的相识,缘于同一天在同一个医院生孩子。闺蜜的孩子死了,主动提出要给她的儿子喂奶。一个女人,以为他人付出爱的形式,来疗愈自己的伤。而女主,是个十岁时就被媒体曝光为"凶手父亲的同谋",曾遭遇太多假正义之名的羞辱伤害。她珍惜闺蜜的善意。在她还没有完全焕发母爱时,也是闺蜜有力地补充进来。所以,在公司事务处理上,她作为老板,充分肯定闺蜜作为主管在公司的地位。

她俩同寝那场,有句台词是:上回那次,我们几乎笑了一个晚上。

可见,那次同性欢愉是双方得乐的——这也是全剧中唯一友好的性活动。

鲁迅说:在路上遇见人迎娶仪仗,也不过当作性交的广告看。张爱玲说:婚姻关系就是长期合法的卖淫嫖娼。有偏颇性,却说出了部分真相。

法律保护的婚姻关系和固定的男女关系,容易被许多想法固化:你只能跟我一个人睡。我给你钱花,所以你得满足我的需求,且只能满足我一人。因为我陪你睡了,所以我就是你的人,你要对我负责,负责的方式就是给我钱花,听我的话,让我快乐。如果你在我之外还跟别人睡了,就是背叛了我的罪人……

更多想当然的逻辑,不再罗列。

所谓人格独立,自他平等,在性活动中还存在着友善相待之外的交易成分时,就不易达成。

评二:宗教与罪罚

影片中直接定义的凶手有两个。其一是女主的父亲,疯狂杀人。其二是暴力性侵的邻居。两人行凶动机何在?

先说女主父亲。

媒体云,人们想不通,一位虔诚的天主教徒,慈爱的丈夫与父亲,为何会成为杀人狂魔?

答案不难找。女主有交代,父亲喜欢给包括她在内的孩子额前画十字。这曾经是很受孩子们喜爱和欢迎的。直到后来,有些家长不大乐意。家长反对,孩子跟着反对,乃至躲避。

一个从"为孩子画十字"的仪式中体会到"无上荣耀感"的天主教徒,是如何跌落神坛,继而被刺激到要去拿起刀枪挨家挨户杀人的?狂热宗教分子的残酷暴行,古今不乏。自以为是的天使逻辑,与魔鬼强盗逻辑,何曾有异。

女主说,法院公开定罪的事实中,包含"27个人类受害者,却没提到动物。还有6只狗和7只猫,不知为什么,他饶过了一只仓鼠。"这些细节,应是父亲杀人归来,和女主讲述的。

可见"凶手"所认知的生命,不仅包括人类,还有动物,虽然人类的法律是只为杀人定罪,可"凶手"供认的不止于斯。他又何尝不是一个"灵魂受苦的好人"。

暴力性侵的凶手亦然。

他的妻子,虔诚的天主教徒,若真如自身所说那样"有信仰,爱每个人",就应当从丈夫爱起,与他携手寻求疗愈之道,让夫妻性事健康和谐化。

可她屡次为他的侵犯打掩护。在丈夫因之毙命后,她还感谢受害者:"很高兴你能给他所需要的,至少给过。"并笑嘻嘻称自己不会痛苦,因为"我有信仰"。她又何尝不是将丈夫送进地狱的凶手。

宗教之积极意义,原是指引人穿越苦痛黑暗,走上自我救赎与解脱之路。先知们费力劳心划出各种路线图,可路,还得各人自己走。行路太难,于是滋生一大群假装成圣的各类伪徒。伪心求圣,群魔乃生。

评三:关于力量

罗曼·罗兰说:世界上只有一种真正的英雄主义,那就是认清生活的真相之后依然热爱它。

同意这话,就不难穿越迷障,在《她》中看到真正的力量所在。

《她》片的导演保罗说过,别人会说他是个女权主义者,虽然他自认为不是。

经历最惨的女主,也是头号力量担当。

受害又如何,还得自己负起责任来。被泼餐被羞辱,她不做无谓的抗争,撞了车也不报警。

母亲死了,儿子的顶撞让她瞬间看开,骨灰随手就撒了。

父亲死了。她没有眼泪,不是无情。父亲唯一在等的应是女儿的宽恕。女儿愿来看他,就是放下过往了。见与不见,又何必执着。——他的十岁爱女,终于走出他"壮举"的阴影,他可以走了。这样的死,没什么好哭的。

家中黑猫咬伤一只小鸟,她救治未果,拿纸盒装了处理。

对生命的善意,与对死亡的从容豁达都有了。

她身上阳性坚毅的力量,与闺蜜身上阴性敦和的能量,是影片中两个偕行的"她"。

平和而包容的生命状态里,有真正生机。影片结尾,女主去给墓园中的父母献花。而后,是闺蜜来找她,两小无猜的两个女人,轻松相对。而后,笑着并肩走出墓园。

让过往悉皆埋葬。人是活的,要走向新生。有力量穿越暗夜,是向死而生的活人。

写于2019年1月23日

沈春霞画作《舒展的树》 向天生长的力量,和扎根大地的力量,是同一个力量。而我,是这力量本身

言者,风波也;行者,实丧也。

夫风波易以动,实丧易以危。

故忿设无由,巧言偏辞。

兽死不择音,气息勃然于是并生心厉。

剋核太至,则必有不肖之心应之,而不知其然也。

苟为不知其然也,孰知其所终!

故法言曰:'无迁令,无劝成。过度溢也。'迁令劝成殆事。

美成在久,恶成不及改,可不慎与!

且夫乘物以游心,托不得已以养中,至矣。

何作为报也! 莫若为致命,此其难者!"

——《庄子·人间世》节选

懂我的人连成海

少时在家,好些年的春节对联是我贴。

年三十中午开始行动。拿面粉煮一大碗浆糊,找个旧刷子来蘸,往排好的对联上刷。确保重点部位都涂上。刷好了,再一张张揭开,对应去贴。

大红剪纸是门帘,要贴单数个。宽些的门,可贴五张,窄门三张,小窗上就贴一张。同步揭去前一年的门联。配着《春节序曲》音乐,可以贴出节奏感来。

对联要分上下联,对应不同朝向的门时,右上左下。两扇门还要保持高度平齐,上下垂直。门比较高。我得搬个长条凳站上去,再举起对联挨个贴。

那时的对联,是要请乡上有文化的人来写的。他写给我家写的对联,有专门用语。"生意兴隆通四海,财源茂盛达三江"几乎年年都有。现在想来,真是好大的口气。

贴春联时最难忘的,是站上正大门口的长凳,举着春联即将张贴之际,我心里的一个仪式。

那一刻,我会和自己说话。和前一年站在此处贴春联的自己说话,也留些话,给下一年还要站在这里贴春联的自己。

大抵是勉励自家的意思。与去年和来年的我之间这种默契于心的感觉,微妙而美好,心里就有了穿越时空的宁静与博大。和心意相通的过去未来的自己互致问候,就觉这世上,彼此懂得的人真多啊,连成了海。

行文至此,不免要于此际,和那些年站在长凳上的展望者们,会心一笑。干脆更进一步,来给未生时的我、死后的我、还有不生不灭的我都送去问候吧。让这实有虚无的联结汇成海。

反闻自性,一时千载本相通。遂品味这,万古长空。

写于2019年2月2日

乐全之谓得志。
——《庄子·缮性》节选

致范美忠先生的道歉信

按:2015年5月12日晚9时许至13日凌晨4时许完成此信发布。13日10时许,从朋友圈看到有人转来范美忠先生的回复:已经接收到你的歉意,谢! 其实社会向不向我道歉,并不重要。每个人深夜不眠的时候,都将独自面对自己的灵魂和上天,那才是最关键的。

数月后,简化版的道歉信被王帆在《见字如面》栏目朗读。

不久前,一朋友针对某网络讨伐事件,重提此信说,怎么世界还是这样子,一点没有变化。

这是无奈的兴叹。"世界应当怎样"又如何成立。我可以怎样,方为起点。

行事之难,并非从不知到知,而是从知道、说来头头是道,到自察笃行,行知合一。

不然,勤行者不见,若存若亡者寥寥,大笑之人攘攘,如何是好。

自勉。

原文

尊敬的范美忠先生您好!

今天是2015年5月12日,汶川大地震七周年。每到这天,我会想起七年前那个午后,那些瞬间消失的生命。

就在今天中午,尼泊尔又发生了7.5级地震,同样有生命顷刻离去。

每次灾难，都促人愈发珍爱生命。我也会想，生命之于人的意义，到底是什么？

想到你时，尤为困惑。你虽然于震灾中逃脱得以保全性命，却在此后的生活中，极不轻松。

下午朋友转我一篇文章，题目是《汶川地震后，"范跑跑"的这七年》。一看标题，我心里就堵了。

其实几年前就堵了。那次电话采访你，成稿后提交时，我在标题中写有你的全名，范美忠。刊出时，还是被改成了"范跑跑"。

我很愧疚，觉得对不起你。无论怎样，这名公开刊出，已是伤害，是侵权。

别以为我有多高尚。在那次访你之前，震后不久，我以嘲讽批判的笔调写评论，轻蔑地称"范跑跑"，还对其他人出语不敬。那文是一个无法消除的证据，令我汗颜。

媒体十余年，出语轻狂的践踏性的文字，又何止这一篇。我永远没有机会消除它们了。更没机会消除的，是这些文字、言语给当事人带去的伤害，我根本记不得有多少。

我更容易记得的，是自己做过的所谓正面报道，公益报道，慈善事件，大人物……这种选择性的遗忘，帮我塑造了良好的自我形象。

事实是，在忘乎所以的状态下，我有多少机会做这些正面报道，也就有多少机会，给人带去创痛。

它们在我的经验中同时存在。而阴暗面始终被回避。我猜我之所以回避,是因为我非常担心会和你有同样的遭遇——我可能因为呈现了自身的阴暗面,而被否定,被列为坏人,从此不得翻身。

于是我选择隐藏,逃避,看别人。

其实那次和你以及你的夫人有过多次电话交流,已超出采访范围。如果没有地震,或没有那样一篇文章,你们或是一对倡导人文育的伉俪——对生命存在价值的尊重,对于人应当接受怎样的教育,享受怎样的生活,生命的意义,你们的很多观点,都令我耳目一新。

所以,那次访后见报稿中出现的"范跑跑"让我越发不安。这愧意,和其他种种"5·12"带来的感动,始终同在。

今天的文章,我看了。看了关于你成长历程的介绍,也对你有了更多了解。我特别注意到的,是光亚学校校长卿光亚的一段话。"地震的事对他的刺激非常深,我觉得他现在还是一个病人。他辞职的时候情绪是失控的,根本没有计划。"

"病人"一说,让我想到七年前曾经风靡一时的灾后心理救援。那时,非常多的心理治疗志愿团队奔赴灾区,为各种灾民提供支持。抛开专业效果不谈,心愿是好的。

七年过去了,有一个"病人",始终被忽略。那就是你。

即便现在如你所说,你达到了前所未有的平和,在庄子处找到了出路,也不能不说,过去这七年,你是孤身一人在与地震带来的种种病痛共处。

因为有一个更大的帽子扣在你身上——罪人。

你幸运地逃脱了震灾,保全了生命。这原本是值得庆贺的事,却因为一句话,被千夫所指,甚至被贴大字报要求杀掉全家……

想想都不寒而栗。

我也是这千夫之一,并为此始终不安。几年来一点点反省之余,我也会在思考,社会道德、法律存在的意义是什么?是指导并服务于人的生活,支持协助每一生命个体存活、活得有尊严、活出好的生命品质,还是仅仅拿来评判一个人道德品质的高下,神化妖魔化,捧杀或棒杀?

指责谩骂你的人中,有我。有一个方向是好的,希望震灾中的每个人都获救。却为何,竟只因一言,对成功自救的你如此无情否定?

我从自己身上找原因,找到的是这点:我把活成一个对的人、一个好的人看作是比活着本身更重要的事。

所以,当你从地震中存活下来,却有句话不中听时,你的生命存在,也被否定。逃生,也成偷生。

对"善"的渴望力量大到失去理性时,就这样转成了对"不够善"的恶意攻击。

有谁的逃生不值得庆祝?

和一位朋友谈到这些反思。朋友如下阐述:

范没有在地震来临时表现出高尚的德行,但他并没有侵犯他人的权益。他能活着跑出来,本身就是对社会养活他所付出的代价的完好保存与升值。他成长的社会历史时空并没有赋予他舍己救人的使命,故如果范的行为必须受到谴责,那么从逻辑上讲,首先应该谴责的是他生存其中的社会。范的隐私权、名誉权、生存权被残忍地剥夺了大半,他应当起诉以正视听,可他没有。从这个意义上说,社会对他欠下了一笔难以清偿的道德债……

社会是谁,我不知道。我知道的是,我是这社会的一员,并欠你一个道歉。

我以为只要你错了,我就有特权代表社会,代表善的与正确的,怀着"规范社会道德建设、教育和影响更多人"的目标,来攻击你、批判你,占领着道德制高点,理直气壮地践踏你的尊严。那样的轻狂与刻薄,不堪回首。

今天,我就个人过去所有言论、文字对你的不敬处、伤害处,表示深深的歉意。

对不起!

过去这几年,不安在心里。临到要表达,我犹豫再三,心存害怕。因为就像当年您无法预知自己一文所带来的影响一样,我也不知道这封公开发给您的致歉信,会带来什么。

我想写了私下发给你。上网,没有找到你的联系方式。

突然想到,当年抨击你,也是公开的。我不再纠结。如果有什么影响,那也算是上天给我一个机会,更深刻地体会你所经历过的一切。好让我改得更彻底。

倘有正向发生，那更好。这说明七年过去，正如我都有力量反省道歉一般，时空真的换了。

这篇文字跨越了一个夜晚。同是5·12，从2008的汶川，到2015的尼泊尔，两场地震在不同地区发生。就在此刻，一定还有生命在废墟中等待救援。

也一定有人为他们的逃生而祈祷。

想到这点，我无比坚信的是，对"活下来"的重视，是生命本有的珍宝。

死亡，有时是生命的消逝，有时是爱的枯竭，心的凋零。主动或被动，在那个事件里，你和我，对后一种死亡都有着体验。施暴与受暴，都是心的凋零。

我又何尝不是和你一样的"病人"。

或如你所说，你在庄子那里找到平和。我要走的，就是承认过失，向你道歉。

这道歉来得晚了。

让一个"坏人"被孤立，这样的故事太多。生命存在本身的价值与意义，就这样，被狭隘为"成为对的和好的人"。完全忘了，每个人天赋责任之基础，即是珍爱自己的生命，以及种种独特禀赋。

于是，分裂长期存在。

这样的错误，在过去犯过多少，我已经不记得了。借着给到您的歉意，我也在此，向所有我以各种方式攻击、诬蔑、贬损、戏弄、中伤过的人，致歉。

这过程很不轻松,我又何尝不是在努力找回自我宽恕的力量。

是的,罪与错,善与美,都是我生命的组成部分。你也一样,奔跑逃生的举动里,也体现着对美和忠的追求。

如果说我晚觉的痛和迟来的道歉还有什么意义的话,我希望是,我借此知道如何面向未来,在今后的日子里,谨言慎行,勿使再犯。

你我路径方式不同,本质无别。

范先生,你曾在地动山摇的时刻勇敢逃生,这是恩典。过去这七年种种,也将因你顽强的意志与自我探索而成恩典。

最后想说的,是祝福你,在未来更广大的天地里,自由行走,发光。

也把这份祝福,给到和你一样,从各种灾难困厄中挺过来的坚韧生命。只要生命存在,就有绽放的可能。

写于2015年5月12日—5月13日

若夫不刻意而高,无仁义而修,无功名而治,无江海而闲,不道引而寿,无不忘也,无不有也。淡然无极而众美从之。此天地之道,圣人之德也。

——《庄子·刻意》节选

亲爱的土地(兼致父母)

(一)

年初二去看父母,送红包,吃他们张罗的晚饭。

席间,父亲说,他当年买了备用的墓地已涨价到五六万了。我接道:转手卖了呗,赚一笔。

老爷子振声一顿:那不行!

我追话:活得快活更重要。反正我是一死就啥都不管了,哈哈哈……

老爷子没接我的话茬。

清儿在一旁补刀:对啊!活好了最重要。人一死,啥都没了。

不知彼时,家父有没有咬牙切齿地想:哼,两个混蛋,早知道不要你们回来了。

数年前,父亲提出要置办墓地,已属理念超前。我听了,心里只有感动。提前办这事,无非是为了将来儿女们省事。

姊妹们合资帮他和母亲置办下这阴宅中的期房。

我当时就和父亲说:身后之事已妥,您二老就安心过好每一天吧!

如何过好每天?各人理解不同。

父母自然只听自己的,任凭儿女如何规劝,一息尚存,还是辛勤劳作。劝而不止,无可奈何。到末只得放手尊重。

父母儿女又如何,各个活法不一。缠缚执索式的爱,终归苦过发挥自由意志选择所带来的苦。后者,苦中有乐。

(二)

清儿养母的骨灰,还在老家的安息堂里放着。

她生前曾说,希望和老伴有块墓地。临终前两三个月起,歇了此念。又兼老家土地资源紧张,墓地不在优先规划之列,多年紧缺。几番迁坟让地,先逝者尚未得尽安,而况后去?只得暂且搁置。

老人最后时光,病势凶猛。各种受限,各种退化,纵有药食调治,又兼每日苦口婆心授法锻炼,于她,终归为难。生理机能的退化,病痛,社会关系的丧失,让她先不想活了。

那日竟欲寻短见。未遂。

抱入怀里问她:万念俱灰了吧?

嗯。

想死吧!

嗯。

想死又死不掉,难受吧!

嗯。

现在还想死吗?

不想了。

我们都不知道自己能活到哪天。眼下您想结束也不由自己。那就安下心来,过好每天,好不好?

……

临终那天,去看她,平静如水,安详如土。眼神寂灭。问还有什么话,回说:没有。你们好好的。

遗体未及火化,她的妹妹,亦即清儿生母去看。见了擦拭干净赤裸的身躯,大哭:我姐姐好可怜……

我高声正色道:妈您别哭了!这不是你姐姐,她已经解脱上天了。这是她用过剩下的。您对着她用剩的工具,有什么好哭的呢?

她一愣,一时无法续腔。

若在平常,哭哭也好。毕竟八旬老者,体力有限,不宜大恸。

而今想到养母,勉力承其美德,以为纪念。

(三)

肉身趋向衰朽,教人无奈。父亲调侃自己墓地升值,已是大超脱。

父亲知我早签了遗体捐献的协议,对我那样讲,自不介怀。

遥想列祖列宗,不知以何方式处置了他们的遗体。而今安在?

纵有万千葬法,全在土里了。连同与他们相关的所有滋养物代谢物,矿物植物动物,曾经的恩怨缠缚者,不论生时如何信誓旦旦,或是势不两立,到了土里,全都不分彼此地化合为一了。

未知孤生独活自灭的这些个体们,会否因这形质转化之后的合一,而告别了孤独感?

土地中和万有,成其厚德,承载后辈,生生不息。

个体存活期间的梦想渴望呢?对后辈的爱与祝福呢?代代传承,何曾有二。《好了歌》之悲凉,原是旷达者的悲悯的吟叹。

不难得出结论:我好好活着,就是对列祖列宗的大爱。

席上和父亲说的话,其实未尽——

父亲同志,我以为的孝,是先活好自己。而后视您所需,依我之力,由心尽孝。

您百年之后,我如何尽孝?

不是到刻着名字的石头前,烧一堆纸,呛些泪来祈求保佑——您辛劳一生终得解脱,蒙恩无量的我怎能为着私利,继续打扰归天者的清静?

我之大孝,应是随时随刻热诚地活,比你们活得更好,活成下一代人更更好的基础。

直至一灵归天,零件化土。

这丰饶了些的土地,还将以其厚德,承载后生。前赴后继,生生不息。

您若同意,咱就说好喽,化土之前,都好好活,活好了。

母亲同志,您也一样。

同志者,同以乐活为志。

写于 2019 年 2 月 21 日

商大宰荡问仁于庄子。

庄子曰:"虎狼,仁也。"

曰:"何谓也?"

庄子曰:"父子相亲,何为不仁!"

曰:"请问至仁。"

庄子曰:"至仁无亲。"

大宰曰:"荡闻之,无亲则不爱,不爱则不孝。谓至仁不孝,可乎?"

庄子曰:"不然。夫至仁尚矣,孝固不足以言之。此非过孝之言也,不及孝之言也。夫南行者至于郢,北面而不见冥山,是何也? 则去之远也。

故曰:以敬孝易,以爱孝难;以爱孝易,而忘亲难;忘亲易,使亲忘我难;使亲忘我易,兼忘天下难;兼忘天下易,使天下兼忘我难。夫德遗尧、舜而不为也,利泽施于万世,天下莫知也,岂直大息而言仁孝乎哉! 夫孝悌仁义,忠信贞廉,此皆自勉以役其德者也,不足多也。

故曰:至贵,国爵并焉;至富,国财并焉;至愿,名誉并焉。是以道不渝。"

——《庄子·天运》节选

看不见的大师

最早是从朋友转发的一段视频上,看到蓬发破衣的沈巍,谈"不与民争利"之类理论。目光清澈,思维清晰,自有卓见。颇有"被褐怀玉"之意味。当时和朋友说:我中华藏龙卧虎,民间多高人呐。

"流浪大师"这就火了。高峰期,他住处方圆十公里的宾馆,住满了各地赶来的播主。

人给他"国学大师"之类美誉,却鲜有求学诚意。圣贤书汗牛充栋,真有心学,至于这么癫狂骤起吗?

众人要的,是可以变现的流量。

于是,人群越聚越多,把个流浪大师追得坐卧不宁。

追逐者把大师当道具各自打广告,难免顾不上人家还有颗鲜活赤子心,对世态人心有正常感知力。

幸哉,沈巍尚有一分清醒。尝拒绝来访者:你不要生气,如果你真是来和我探讨的,请你过几天再来,等我的热度降下去。

见此语,余心甚慰。

当然,倘热度持续,毁与誉花样丰富些,级别再高些,殊难预料眼前清醒的沈君"如此则动心否乎"。

较之于长久的沉寂,热闹喧嚣终归是暂时现象。大师的营养被消耗之后,粉丝们也该退了。

想必那一颗赤子之心,经此况味,又当与先哲多了些共同语言。

南华庄生，以讲段子的方式拒绝做大师——"我听说楚国有一神龟，已经死了三千年了，楚王用竹箱装着它，用巾饰覆盖着它，珍藏在宗庙里。这只神龟，是愿意为了留下尊贵的骨骸而去死呢，还是在泥水里拖着尾巴快活？"

诱惑面前保持清醒的人，不多。故，大师的帽子满天飞，真正的大师难得一见。人们随意给出大师封号，却懒得界定大师的标准，盖因装睡或是装醒，和自己醒来相比，要讨巧多了。

向外寻大师，不易。抓住一个不辨真伪就拉来为自己贴金的，追寻者先成了大尸。盲从他人而先灭了独立思考之心的，不论装傻还是真傻，可不就是行尸。

做别人的大师，更难。端着架子满足膜拜者设定的完美形象者，当然也不是大师，是大失——为保大师帽子而失掉自家本真。

看破这陷阱的，有不顾追随者反对而宣布解散"明星社"的克里希纳穆提。他个人的路活了，诸多想抱大腿求名利和安慰的人，哭了。

做不做大师，都只有一条路，是做且只做自己的大师。

克氏因此谢别幻影，成为真大师。

南华庄生蝶梦不迷，后来称真人。

不跟别的声音走，也不贪恋追随者。或有人同行，也是目标一致使然。方向与地图，各自心里清晰。

譬如沈巍，清醒坚定地选择自心所向的生活方式，恶名嘉名，有名无名，他都是自己的大师。名者，原无求惧，又何必封居。

此路其实简单，这是最不折腾的路。

问候在这条路上行走着的人，问候你默默无闻的坚忍与安恬。

写于2019年4月19日

以道观之，物无贵贱；以物观之，自贵而相贱；以俗观之，贵贱不在己。

以差观之，因其所大而大之，则万物莫不大；因其所小而小之，则万物莫不小。

——《庄子·秋水》节选

三隐先生摄于崆峒山

张钢宁的界外生活

丁酉年。夏至后第五日。午时。

风牵着云,天上随意玩耍。一辆摩托引着我们,向前拐进小路。

驭风的不知是谁,骑摩托的是张钢宁。

车停处,一道围墙分隔了苏皖省界。我们从南京追随张钢宁而来,不经意,竟成界外人。

墙上有小门,可见江苏界内,雄鸡站在自家门前唱歌。

造琴,是张钢宁的歌唱。中国张钢宁钢琴坊,迁到安徽一年余,尚未收拾停顿。

犹记旧址,是四围废墟中的骄傲与孤独。而今易地出界,院落初起,气象通泰。

不免为他高兴。他也高兴。说此地一切向好,地方领导贤能,将建音乐乡镇。"我可以请来世界上最伟大的音乐家。"若不知他曾凭一架钢琴殊缘广结,会以为他吹牛。

有实力的狂,得天时地利而显,竟也平常。

"老天爷生我,就是来造钢琴的。"随他参观厂房,问候各种器械设备,和多年跟他的木匠师傅。

厂房里跑出一只狗,说是警犬之后。小家伙将来人嗅遍,却和王道长最亲近。道长待它亦不薄,摸它的背,还跟它讲英语。

厂房前建了菜园。午饭就在家里用。苋菜黄瓜茄子空心菜西红柿青椒摘下,造钢琴剩的木料烧火,炒炒,端上来。新鲜的昂刺鱼,是张钢宁一大早将摩托骑到河边的船上买来。

众人围坐,饮酒吃菜让风吹。主人的殷勤成就了来客的惬意。

张钢宁说,每天早上被鸟鸣唤醒,很幸福。这感觉,他试着融入琴里。他听小提琴,亦求借其柔美,丰富钢琴音色。王道长说,光音互通,亦是神通。

说笑间,张钢宁让员工拿胰岛素来,自行注射。心下一时有些怜惜。他全无自怜。说,陆续有人来找他订制钢琴。一架要造上年把,人家愿等。也有些人,有钱,几百上千万一架,也愿等,他不给做。"琴是要有人弹,拿音乐去滋养别人心灵的。不是给富豪拿回家当摆设。"

与马龙同来的崔先生相劝:也许他买时是摆设,摆着摆着就有人弹呢!商业运作,有客就要接。他摇头:我的琴不是商品。它们有生命,懂的人才配弹。才不给人装门面。

——再说,我也造不了几架了。过几年收了手,编几本教程,也该走了。

去哪?他头向上一扬:天上还有人等我呢!马龙笑:天堂里也需要你去造琴!

高山流水,天上人间。何曾乏人喝彩。

他较得意的喝彩,是赴上海录节目。他说要造世界上最好的钢琴,主持人不屑:你做白日梦!先前还很尊重地称周老师,这下直呼其名:周立波我告诉你,我亲手造的钢琴就在现场。依我看,我是实干兴邦;你,就是空谈误国!席下就有人叫好!

——这节目,我不录了!拂袖而去。编导说,节目开播六年,他是第一个罢录的。

几个月后,所录内容经和谐化处理,竟播出来了。

他得意:"能播出来,说明我赢了。"

李斯特钢琴展将在国内举办。人家来找他,想请他的琴到现场,供人奏曲。他说可以,又说,用李斯特本人的藏琴演奏,岂不更好?

人说,老琴损坏,不能演奏,寻遍全球,修不来。

他说:我能修。

人家到他厂里看一圈——那就拜托您了!

"往后光是修名家老琴,我就够忙了。"

有人劝他赶紧收徒。他何尝不想。过尽千帆,对面无缘。

问,收徒弟要什么条件?说,要心灵手巧,对音乐有感觉,人得勤劳。还有,要能静得下来。"真有合适的,我不要学费,包吃包住还给他零花钱。"

天生一个张钢宁,不知又要生谁,来传承天工?

造琴剩的废料,竟是檀木。我们爱檀,也想留个纪念,遂向他讨要。他让师傅摆了满桌。大家随意分分,各得其所。就地请他帮忙打磨。我拿了一块跟着,想看他如何操作。

他接过木块,仔细端详,先用电锯平了四面,换架机器再磨边棱。又拿砂纸。汗从额上出来。再换机器上蜡抛光。中途发现一处不平,返工又磨砂纸。汗更多。

"就是玩玩的,随便弄弄可以了。"我有些不安。"干活出汗很正常。你看做这件事,比外面人忙忙碌碌的那些快乐多了!"他全神贯注。已不是在帮我做事,而是,依他标准,将木头打磨到完美。如切如磋,如琢如磨。这便是了。

我说:我若能有您这精神,专注一事,就太好了!他笑:这是疯子精神。

终于整到他满意,疯够了,收手,把木块给我。

想到他说,每造一台钢琴,至少要少活一年。信了。

那檀木在手,不由越发珍惜。

左侧厂房靠墙,叠放了几十架钢琴。那是早期,张钢宁造的琴。音质不满意,他就报废了。舍不得扔,一并搬来新居,堆积成山。"呶,我就是这样走过来的。"

写于2017年7月7日

仲尼适楚,出于林中,见佝偻者承蜩,犹掇之也。

仲尼曰:子巧乎!有道邪?

曰:"吾有道也。五六月累丸二而不坠,则失者锱铢;累三而不坠,则失者十一;累五而不坠,犹掇之也。吾处身也,若厥株拘;吾执臂也,若槁木之枝;虽天地之大,万物之多,而唯蜩翼之知。吾不反不侧,不以万物易蜩之翼,何为而不得!"

孔子顾谓弟子曰:"用志不分,乃凝于神,其佝偻丈人之谓乎!"

——《庄子·达生》节选

吴聪灵摄于南京张钢宁钢琴厂旧址

圣饮红老鹰

拔的不是翅羽

是一路跋涉的尘埃

是耗尽营养的过去

每一次身体的剧痛

都让灵魂更轻盈 欢喜

这番一小憩必须有

长路风光无限

你总爱不断向上 向光

故须耐心等待

等曙光 把新生的渡筏照亮

等旧伤口长出高飞的梦想

你直向天堂

最后的长鸣最美

——你说 我就是光

茶韵氤氲

我把心交给你

交给高原

交给人迹罕至的纯净与明亮

红老鹰

草原与河流懂你

知道你会再来

一次次

你陪我练飞

故意忘掉天堂

【红老鹰:高原茶名。因缘得饮,感恩生命源头的创造力。红老鹰,又为鸟名,天葬执行者之一。会在特定时期隐山洞,自行拔下周身羽毛,敲去喙角,以便新生出更强大的喙,与全新的翅羽,飞上更高天。】

写于2013年3月20日

昔者庄周梦为胡蝶,栩栩然胡蝶也。自喻适志与!不知周也。俄然觉,则蘧蘧然周也。不知周之梦为胡蝶与?胡蝶之梦为周与?周与胡蝶则必有分矣。此之谓物化。

——《庄子·齐物论》节选

你来，带了太多人

（一）

人都笑话故事里那对祖孙。

故事说，他俩带一头驴上街。

甲说，爷爷咋不骑驴？

爷爷骑驴。

乙说，咋不让孙子骑？

爷爷下，孙子骑驴。

丙说，爷爷咋不骑驴？

爷孙俩都骑驴。

丁说，想把驴累死吗？

爷孙俩下来，抬驴……

（二）

《庄子·庚桑楚》里，南荣趎求道，问庚桑楚未得，转求诸老子。

一见面就被呛。

老子问：怎么带了这么多人来？

四顾无人，一时心惊肉跳。

还好，很快明白，是说他脑子里杂念太多。

比抬驴的祖孙俩还多。

（三）

自心无主时，遍地大师。

各师各据一方，各指其月，言之凿凿。

不明之人，徒增惑乱——顺着哪根食指往上爬，可以看见月亮？

（四）

那人镇定安泰。自然和光。

真。美。

写于2017年11月24日

动不知所为，行不知所之，

身若槁木之枝而心若死灰。

若是者，祸亦不至，福亦不来。

祸福无有，恶有人灾也？

——《庄子·庚桑楚》节选

莫忘妈妈的话

（一）

那人博学善记,无所不知。渐至无师。无对手。无友。

从此抑郁。

各处求治,套路皆为已知,无效。越发抑郁。

那日出走,偶入深林。见半轮月下,一白猫似眠非眠,双眼一开一合。

思索良久,不知究竟。

茫然,乃乐。

请那白猫回家。睡时睡,醒时,猫以他为宠物。

渐回人间。

（二）

王对臣民说:我们是有德之国,你们是有德之民。一定要做好人。

臣民们争当好人,都变坏了。

（三）

画上的女人丰乳肥臀。

他们调笑。

一人兴起,戏弄店家小儿:来,你说这是什么?

小儿:妈妈的奶!

他们狂笑:你妈长这样?

小儿:妈妈说,人都是吃奶长大的,不能忘了妈妈。你们不记得啦?

(四)

孩子满月,有人上门讨喜钱。

照例说各种喜话:您这孩子天庭饱满地阁方圆,是要当大官、娶美妻、发大财的好命啊!

那家主人,挥棒将来人打出去——这是哪门子好命?!

(五)

那人精心设计了一个迷宫。

流连其间,竟把自己困了。

一人拄杖前行,叩地而入,顺利走出。

他尾随而出:高人! 您是怎么破解的?

曰:我是个瞎子,只管走路。不知有迷宫。

写于2017年12月28日

吴聪灵摄于山东日照

鲁遽曰：是直以陽召陽，以陰召陰，非吾所謂道也。吾示子乎吾道。于是乎爲之調瑟，廢一於堂，廢一於室，鼓宫宫動，鼓角角動，音律同矣！夫或改調一弦，于五音無當也。鼓之，二十五弦皆動，未始異於聲，而音之君也。且若是者也！

——《莊子·徐無鬼》節選

戊戌思君子

禅让天下,竟宁死不受。《庄子·让王》中的故事,开篇惊悚。

篇曰:
舜以天下让其友北人无择,北人无择曰:"异哉后之为人也,居于畎亩之中而游尧之门!不若是而已,又欲以其辱行漫我。吾羞见之。"
因自投清泠之渊。

试释其义:舜帝想把天下让给他的朋友北人无择。对方不接受,还嘲讽他:"你这人真奇葩,原是种田之人,却攀附尧帝门庭接受禅让!不只如此,你还拿这丑行再来污辱我。是可忍孰不可忍?宝宝不乐意了!"于是,北人无择投身清泠之渊。

更有痴似相公者。
商汤伐桀前,求教卞随,卞随一问三不知。又问瞀光,瞀光也不是好为人师的主儿。后得伊尹支招打了胜仗,商汤又相继想把天下让给卞随、瞀光。结果是,卞随自投椆水而死,瞀光负石自沉庐水。

卞随曰:吾生乎乱世,而无道之人再来漫我以其辱行,吾不忍数闻也。瞀光曰:无道之世,不践其土。况尊我乎?异口同

148

声:生于乱世,净土不净,还被人以所谓尊贵之浊臭相辱。岂有此理,不如去死。

入水三人,是高士赴死,还是仙人遁术,说法不一。不论哪种,都视生死为儿戏。仿佛高人玩穿越,按错了键,进来一看,时机不对,转身就走。

道家贵生。亦有人以为,道人因贵生而轻天下。玩味这故事,乃知不然。所谓贵生者,以尊贵为生也;所谓轻天下者,未跻天道而下之者,轻也。

臧克家诗云:有的人死了,他还活着。有的人活着,他已经死了。避让王之辱而投水,非为寻死,是乱世中之尊贵活法。

120年前的秋天,也是戊戌年。变法失败后,谭嗣同被处死。《戊戌变法·王五传记》载,谭被捕入狱后,其友大刀王五联络各地反清义士,花重金买通狱卒营救。

谭不逃。前后多次生机,悉被放弃。谭弃生之由,固有皇恩父族情牵,自身重病之患,然其赴死之大义,却光照千古。

"我自横刀向天笑,去留肝胆两昆仑。""有心杀贼,无力回天,死得其所,快哉快哉!"临终抒怀,气壮河山。我今思君子,壮怀犹激烈。

盛世乱世,各有活法。一个人的活法,大抵决定了他的死法。北人无择诸高士,避浊世而入清流,换了时空去耍。谭嗣同诸君子,舍命创新图变未成,抛洒一腔热血。

清冷之渊深处,与斩首屠刀之下,果断而往者,尊贵高士。

惟其尊贵,才知苟活非活。惟将天地存于心,才可向天而笑。真正活过的人,死而无憾。

倘高士投生今世,会是何等活法?依稀,得见其类——与行尸、盲人、病人等,不同。

写于2018年5月4日 青年节

尧以天下让许由,许由不受。又让于子州支父,子州之父曰:"以我为天子,犹之可也。虽然,我适有幽忧之病,方且治之,未暇治天下也。"夫天下至重也,而不以害其生,又况他物乎!唯无以天下为者,可以托天下也。

舜让天下于子州支伯,子州支伯曰:"予适有幽忧之病,方且治之,未暇治天下也。"故天下大器也,而不以易生。此有道者之所以异乎俗者也。

舜以天下让善卷,善卷曰:"余立于宇宙之中,冬日衣皮毛,夏日衣葛絺。春耕种,形足以劳动;秋收敛,身足以休食。日出而作,日入而息,逍遥于天地之间,而心意自得。吾何以天下为哉!悲夫,子之不知余也。"遂不受。于是去而入深山,莫知其处。

舜以天下让其友石户之农。石户之农曰:"捲捲乎后之为人,葆力之士也。"以舜之德为未至也。于是夫负妻戴,携子以入于海,终身不反也。

——《庄子·让王》节选

柳下惠的弟弟

和孔子相比,庄子或曰其门生颇不厚道。《南华经》里,编派孔子的故事俯拾皆是。

《盗跖》篇中,挖苦发挥到极致。

"孔子与柳下季为友。"开篇即见高人。

柳下季者,坐怀不乱柳下惠是也。柳下惠声名远播,盖因后世诸人,以"坐怀即乱"为正常认知。

正人君子柳下惠的弟弟,竟是无恶不作的柳下跖(盗跖)。

兄弟俩安之若素,你做你的君子,我当我的坏蛋。可孔子看不惯,想改变人家——"丘窃为先生羞之。丘请为先生往说之。"伪饰从此处开始——有这样的弟弟,我都替你感到害羞,让我替你去劝劝他吧!分明自己看不惯想出手,还要变作助人为乐。

柳下惠不中招:先生你千万别去,免得受辱。

孔子执意前往。

先见门生,是另一番言语:"鲁人孔丘,闻将军高义,敬再拜谒者。"好话一堆奉上。

一见柳下跖,又是作揖又是赞美:"天下三德,将军兼备。"绝世之人才啊!

然后话锋一转——您这样的稀世人才,怎能被人唤做盗跖?干脆我为您出使列国(又是助人为乐),让他们给您封地,尊您为诸侯。您放下武器休兵祭祖。世界和平不是梦啊!

孔子备了满满的高能鸡汤,未料柳下跖直接灭灯:尧舜有天下,子孙无置锥之地;汤武立为天子,而后世绝灭;非以其利大故邪?

所谓贤能,惨状不消多说。所以孔丘啊,别拿这些把戏来糊弄我了。我看世人不该叫我盗跖,应当叫你盗丘的。

被骂回去了,再遇柳下惠,孔子只得讪讪承认,自己这是吃饱了没事干,偏往南墙撞。

柳氏兄弟之率真,在于没有对自身身份认同的焦灼,不拘有无。

孔子不然。虽知有父贵族,却是贫穷的单亲母亲颜氏独自将他养大,17岁丧母,他将母亲的灵柩停在马路上,以此"壮举"逼着父亲家族与社会承认母亲和他的地位。母亲虽得安葬,他仍饱受歧视。

孔子尝云:吾少也贱。

名分焦虑成为他奋发图强的动力。下学而上达,不遗余力推广政治主张,孔子辛劳一生,走的不是造反的路线,而是在体制内寻求逆袭,各种委曲求全。直到晚年折腾不动读易编撰,心地松释旷明,才放过自己。

《论语》中记载的孔子,多见真性情。私揣其因,一是弟子面前要率性许多,二是其焦虑心境至晚年渐转轻安,灭了作意之根。

也只有孔子这样以万千巧伪来保全厚道本质的人,才会心平气和地承受庄子的各种调侃吧!孔子之伪,内核仁也。他周游列国碰壁,是个人之失意,是后世之万幸——平民教育自兹始矣。

柳下跖,实是奴隶起义的领袖。春秋战国时期,他领导九千奴隶大起义,推动了历史从奴隶制向封建制的转变。得名盗跖,盖因其精神为统治者所不容。

柳下惠呢,比坐怀不乱更见真性的,是其"直道而事人,三黜"。他曾做过类似司法部长或法院院长之类的官职,因行事正直,三次上台,三次被罢免。

人家无所谓。以正道立身处世,心无挂碍,功名得失管它做甚?孔子亦赞他为"逸民"。

孔子循礼执事,惟善是举。才会有"颜回输冠"这种非常故事,衬其仁心。

圣贤书里,再怎么编派作乐,都是另一时空的高手过招。斯世众人,或怀着孔子的焦虑,或戴着柳下惠的面具,或发着柳下跖的牢骚。但得心地清明不起盗心,已可谓当世之良民。

写于2018年6月19日

平为福,有余为害者,物莫不然,而财其甚者也。今富人,耳营于钟鼓管籥之声,口嗛于刍豢醪醴之味,以感其意,遗忘其业,可谓乱矣;侅溺于冯气,若负重行而上阪,可谓苦矣;贪财而取慰,贪权而取竭,静居则溺,体泽而冯,可谓疾矣;为欲富就利,故满若堵耳而不知避,且冯而不舍,可谓辱矣;财积而无用,服膺而不舍,满心戚醮,求益而不止,可谓忧矣;内则疑劫请之贼,外则畏寇盗之害,内周楼疏,外不敢独行,可谓畏矣。此六者,天下之至害也,皆遗忘而不知察,及其患至,求尽性竭财,单以反一日之无故而不可得也。故观之名则不见,求之利则不得,缭意体而争此,不亦惑乎!

——《庄子·盗跖》节选

沈春霞画作《坐忘》 红日西坠,欲归未归。清波共我片刻沉醉

李敖，你食言了

（一）

李敖先生，请问您打算怎么写你的墓志铭？

2005年9月27日下午，记者招待会在上海举行。

李敖还活着，正出席他"神州文化之旅"的最后一次公开活动。

抢到提问话筒的我，抛出这问题。

为免70岁的他听来不快，我作了铺垫——英国跛足诗人济慈的墓志铭说：这里长眠着一个把名字写在水上的人；若我写自己的墓志铭，可能是把歌声留在风中之类；若您想对自己有个总结，您会怎么写墓志铭？

满座唏嘘。李敖大笑。

——我已把我的遗体捐给了台大医学院。所以我告诉你，我死了以后，会先做大体解剖，身上的器官能捐的就捐给别人。不能捐了，就把骨头架子挂在台大医院，让恨我的人、骂我的人去指指点点骂个痛快。所以我的下场可能就像利玛窦、万历皇帝一样，是尸骨无存。也就不需要墓志铭了。

（二）

自揣死后犹有人恨，盖因生前常惹人恼。李敖以斗士自居，所提较多者，除了敌人，便是女人。女人中，以前妻胡因梦提及最多。

两人百日姻缘,留给对方不少互损细节。

李敖说,万万不能接受美人坐在马桶上便秘的样子。

胡在书中写,李敖和她做爱时,身边还要放几面镜子,骑士般欣赏自己傲人的身姿。

显然胡的爆料更损。拉屎便秘不稀奇,做爱这等销魂时刻,既无清明觉知,又未全情投入,却俨然"征服者"表演。这旁若无人的狂傲底端,是多脆弱的核?

外强而中干,或,温柔而坚定。两者之间,一条长路。

经年之后,胡因梦偶遇李敖,略一迟疑,迎上去拥抱他。

正是李在节目中骂她最凶的时候。

李敖惊喜,又云"记者会偷拍",匆匆离开。

不久,胡50岁生日,李送来50朵玫瑰。

又对人言:送她50朵玫瑰,意思是提醒她,你已经50岁了。

嬉笑怒骂,佯狂成真。念念不忘而难以真性相见,只得这般,顾左右而言他。

李敖,不是李傲,是李熬。

(三)

2018年3月18日,李敖辞世。

随后,是遗体告别仪式。火化。

不禁感叹:老爷子,这些年逞口舌之勇,您是快活了。可您这回食言啦!遗体没捐成,骂您的人没骨头架子可敲,只得收回食指,洗洗睡了。

"樽前作剧莫相笑,我死诸君思我狂。"陆游这二句,李敖生前常做引述。这等自作多情,有时碰巧蒙对——网上怀念"大师"的文字,有。

思又如何,时空拉长些,诸君的诸君也被大浪淘去,下一拨自作多情的狂想者,大抵亦复如是。

念天地之悠悠。

《列御寇》载,庄子临终时,弟子们准备厚葬。庄云:天和地是我的棺材,日月如连璧,星辰做珠玑,万物都是我的陪葬!还不够吗?不要烦了!

弟子云,惟恐乌鸦和老鹰啄食先生的遗体。

庄曰:弃尸地面会被乌鸦和老鹰吃掉,深埋地下会给蚂蚁吃掉。你们夺了乌鸦老鹰的口粮去给蚂蚁,凭啥这样偏心呢?

原来,李敖先生遗体未捐台大开膛取器利益他人,而是直接付焚,竟免了后人偏心之责。以此为鉴,咱家这尚可移动的活体,真该少些自身能力范围之外的许诺,与不必要的计较安排。

写于2018年8月5日

庄子将死,弟子欲厚葬之。庄子曰:"吾以天地为棺椁,以日月为连璧,星辰为珠玑,万物为赍送。吾葬具岂不备邪?何以加此?"弟子曰:"吾恐乌鸢之食夫子也。"庄子曰:"在上为乌鸢食,在下为蝼蚁食,夺彼与此,何其偏也!"

——《庄子·列御寇》节选

海上的钢琴师和岛上的楚门

《海上钢琴师》电影换装重映,魅力如初。多年前看此片,曾为1900不下船而扼腕,这次再看又觉释然。不免将此片与《楚门的世界》做个同参。

相同之处,两人都是孤儿,由别人养大。都在局限的小天地里生活了许多年。不同之处,1900知道自己是孤儿,且有煤工养父挚爱。海洋游轮的一架钢琴上,他的创造力得以尽情发挥。而楚门所生活的整个幸运岛,是个巨大的摄影基地,除了他本人之外,岛上所有人包括父母妻子,都是演员。他的生活,是别人设计的24小时直播真人秀。

若此二人互问:在咱们各自的局限时空中,你感觉主导了自己的人生吗?1900当说是,楚门就要说No了。楚门世界的打破机缘,是因为一个外派进来的临时演员未能遵守职业准则,对他动了真情,且努力将真相告诉他。这促成了楚门对幸福岛的反思质疑,直至突破对大海的恐惧,不惜舍命也要突破局限。

1900下船的动力同样来自女孩。一见钟情的老套路依然动人,且伴随了动人乐曲的诞生。可是,拎着包走到甲板上,在离陆地几步之遥处,他停下了。在游轮上见过各色人等,他很清楚自己将面临什么。

太多的诱惑,太多的选择,太多的女人——他会在哪里迷失?他和他见过的许多人,有什么不同?转身回到船上,不是因为"爱情的力量"不伟大,而是对人性的洞悉,让他在欲望面前,果断抽身。

游轮上的1900是王者,是最闪亮的光环,他和楚门在幸运岛的处境可完全不同。楚门的一切被设计着,只要不往大海里跑,不去试图突破界限,他都可以妥妥地活着。当然,他不曾主导自己的人生哪怕一秒。

"你无法在我脑中装摄影机!"楚门的反抗十分决绝。人云走出舒适区需要勇气,其实不然,让你想离开的舒适区,必有不适处。恰如1900,他不愿前往的新大陆,于他并无新意。

两部影片对个体局限性与生命主导权的诠释很深刻,成功带入观者,看见自身的局限性与创造本能,感慨唏嘘。据说《楚门的世界》播出后,有不少精神病患者找医生倾诉,说自己身边的世界是别人设计出来的,想逃出去——被操控的压抑感,多少人为之共鸣?

《海上钢琴师》的影评中,更多声音是将他的回转守船视作"狭隘"——社会价值评断体系向来支持人去突破向前,才不管你指端的88个键盘,是否已玩到游刃有余。

《楚门的世界》所激荡人心的,是渴望自我探索不畏征途的少年豪情,《海上钢琴师》中娓娓诉说的,是见惯风浪后自知自止的成年心境。未曾探索的人生居多,故大众总是渴望楚门式的突破;自知自止的境界不易,故,1900甘于孤独融入大海。

两相观照,人生种种,难在行动时就一往无前,不动时就万念寂灭。冷观自身处境,选择不难。关键是,心中可有1900和楚门的笃定?

　　这,是属于自己的剧情。

写于2019年12月10日

电影《楚门的世界》与《海上钢琴师》剧照

静而与阴同德,动而与阳同波。

故知天乐者,无天怨,无人非,无物累,无鬼责。

故曰:其动也天,其静也地,一心定而王天下;

其鬼不祟,其魂不疲,一心定而万物服。

言以虚静推于天地,通于万物,此之谓天乐。

天乐者,圣人之心以畜天下也。

——《庄子·天道》节选

梦母不弃,天一也可成仁

16岁儿子失察犯错,面临法律制裁,母亲庭前挥泪相告:妈妈绝不放弃你!

故事这样讲,其实很动人。看官们有恻隐之心,也会为那失足的孩子庆幸——关键时刻的坚韧母爱,是他迷途知返的动力源。

但因犯错的是曾有前科的李天一,挥泪的母亲是梦鸽,这基于母爱的"不放弃",就被网上任性的宝宝们说成是十恶不赦的坏事。

烧的不是自家房子,火当然好看。换位想下,凡尘中人,谁能无过?只是,遇他人犯错,立马化身正义者攻击谩骂时,自家的样子也不好看——难道一个少年失足,母亲要将他扫地出门,断绝关系,直到他于歧途上一黑到底,你才痛快?

这不叫嫉恶如仇,这叫落井下石。

人性中都有善。看《悲惨世界》,都同情冉·阿让,都欣赏主教的仁爱——把小偷偷的东西送给人家,还额外再送些。多么博大的爱,一颗心从此尘尽光生,永不退转。

对主教善行的欣赏如此轻飘,遇李天一事件,个个变身《悲惨世界》中的沙威警官——谁都渴望遇到主教,谁又愿意,给别人博大的爱。

深入探访过几次监狱,接触过许多服刑人员。其中积极改造得以顺利回归的,一定是家庭支持系统较完善或有力的。

而连家人都不能支持的,自家境遇再窘迫些,就容易破罐破摔。更不消说抑郁想死的了。

犯错就要付出代价。而改正错误,需要更强大的动力。外界支持不足,对犯错者、犯罪者"永远是贼"的有色眼镜不摘,就导致了重复犯罪率的居高不下。最终影响的,还是嫉恶如仇的大多数。

佩服梦鸽。她有勇气在铺天盖地的喊打声音中,站成一座坚定的灯塔。梦鸽之勇,是母爱本能。或许这灯塔的光不够亮,自身所照还需要进一步确认方向,无妨,她和儿子一样,都是发展中的人。她的挺身而出,即是走上了与儿子长夜相扶的向光之路。

孟母三迁,为的是儿子成仁。梦母不弃,是确认儿子渴望成仁的本能。

给予他人的良性品质以笃定确认,即是唤醒,是化育。

写于2013年9月

沈春霞画作《守望者》要如何让你看见，这惊涛下的静笃，黑暗尽头的光明

管仲有病,桓公问之,曰:"仲父之病病矣,可不讳云。至于大病,则寡人恶乎属国而可?"管仲曰:"公谁欲与?"公曰:"鲍叔牙。"曰:"不可。其为人洁廉,善士也;其于不己若者不比之;又一闻人之过,终身不忘。使之治国,上且钩乎君,下且逆乎民。其得罪于君也,将弗久矣!"公曰:"然则孰可?"对曰:"勿已,则隰朋可。其为人也,上忘而下不畔,愧不若黄帝而哀不己若者。以德分人谓之圣;以财分人谓之贤。以贤临人,未有得人者也;以贤下人,未有不得人者也。其于国有不闻也,其于家有不见也。勿已则隰朋可。"

——《庄子·徐无鬼》节选

《鼓盆而歌》里的爱情观

(一)

那阵子,微信群众人转发一短片。热传,未辨真伪。

大意是,一女确认感染新冠病毒,男友脱了防护服陪她,被感染,双双死去。

转者曰:多么伟大的爱情!灾难是块试金石!

愚蠢至此,无语了。

舍命陪死才是真爱?和古代奴隶臣子们"被效忠"的殉葬,剧情有点像呐。

两情相悦,从欲求互摄的生物本能层面再往上走,原要以共同的价值诉求与生活愿景为基。她病了,他不离不弃照顾,甚至创造奇迹,值得倡导。她死了,他勉力前行,善待遗属,也是人间佳话。前提,都是他得先让自身安妥。

多贵的防护服啊,说脱就脱了,你这一转身,又要有多少人面临感染?这所谓伟大的爱情,就是个体的轻率与群体的更多风险来成就?

父母对子女若开展爱情教育,第一要则怕不是门当户对之类,而是先明确方向:爱是叫人好好活,不宜犯傻去寻死。

(二)

看黄蜀芹的电影《人鬼情》,有类似感触。

戏台上的故事是,钟馗科考高中却因皇帝嫌丑而不授功名,愤而自杀。死后想到妹妹无父无兄不得嫁人,做鬼也不安,又回来做主嫁妹。戏曰《钟馗嫁妹》。

感天动地兄妹情啊!

有问题要问钟馗同学啊——

1. 才高人丑,功名不中,好比公务员面试没通过,你就寻死了,咱这价值观不对啊!人才市场空位多呢!多大的憋屈让你宁愿做鬼?

2. 妹妹无父无兄不能嫁人,你又不能安心做鬼,回来主婚把她嫁给自己好友。请问妹妹喜欢人家吗?好友具备爱的能力吗?还是说,因为你一番好意穿越阴阳,就可免了"包办婚姻"的不是?

3. 早知如此,科考后不死,编草席也要活着,问问妹妹意见,要不要嫁人,要嫁的话想嫁谁,人家是不是愿意,还可以帮着置办哪些嫁妆贺礼之类,一样样弄妥了再行动,才算好事圆满吧!

此处不多展开。列位自看原剧,拿个纸笔从头开始省思,也不错。

诚然,以现代人视角审视古人作品,不太厚道。借古观今,无非审察自家的信念体系中,是否还有类似未经过滤就植入的"程序"在支配着你。

(三)

戏台上还有一故事,曰《庄子试妻》。近代改为《大劈棺》,还给整成了电影。

大致情节是,庄子为了试探妻子的忠诚度,诈死之后又假装成小白脸来引诱妻子,庄妻待要劈棺救治新欢来改嫁时,庄子又从棺材中哗地一下复活,生生把妻子给羞死了。

而后,庄生乃可一心修道成仙。

我滴妈呀,多么阴暗的心理才能整出这样的庄子。

关系原本就是条件的产物,关系的生灭当然受条件影响——想天长地久也不错,甭管能否达成,咱积极调适,与时偕行就是。

若你对人家是真爱,那得全力侍奉——先自己活成快乐的小白脸,伴她愉悦,死了,支持她在有需要时去找新欢,让爱接力。

若你明明想修仙,嫌关系拖累了,直言即是,一别两宽,各生欢喜也蛮好。非要设局把人羞死,自家再清高地作看破红尘状修仙——人道上的事都腹黑到此了,还修哪门子鬼仙。

混账逻辑教人无语。

经典里的庄子,妻死泣涕,而后悲极彻悟,那释然旷达的鼓盆之歌,还在挣扎中乐此不疲的人们,哪能理解。

人家所歌的,已不是妻子的离世,而是经此一事,视角格局的跃迁。

想这世间,本来无我也无她,后来有我又有她,现在有我没了她,早晚没她也没我……我她如是,他它亦如是,万事万物皆如是。

既有如是观,何妨逍遥游。舍了计较与安排,领取而今现在。此际,除了唱歌,也没啥值得做的事了。

一千个人眼里,一千个庄子。一千个人又在塑造演绎他们心目中的庄子。因是,鼓盆而歌上不了戏台——那等恬淡虚无,是一个人的自在,没法聚人气的。

都这么整,冤家们还怎么以爱的名义互相折磨?

理解不了鼓盆而歌,索性就按自家喜好,整出个《庄子试妻》来——对超出认知的事物,人们要做些个曲解,才能允许其"合理"存在。

(四)

翁杨相恋时,啥声音都有。十几年下来了,两人还活一块。不久前看杨澜专访,其中杨振宁说过一句话:待自家死后,希望翁帆改嫁。

又说,年轻的杨振宁不希望这样,可年老的杨振宁希望这样。这两个声音,在他心里都存在着。

这是基于自知的理性照见,照见本能的私心,照见人性的光辉。客观地看待自身,乃可不执着于世袭积痼。

翁帆回说,十几年前听这话,不理解,你希望我在你死后改嫁,是不是不爱我啊? 现在理解了,因为感受到了他对她的情感有更深的层面。

（五）

女性独立之类，至今呼声不绝。却不知千百年来的男性，也是同此凉热。

两性中的依赖、控制、争战、孤绝、逃离之类，都不可能带来真正的独立——那是作用力与反作用力的物理关系呈现。

饮食男女，人之大欲。现今讲科学饮食的很多，讲科学男女的不多。性科学刚起步，爱情的科学呢？积滞深重。更有一种专以痛苦呻吟来发表宣言的所谓情种，哎……痴情的痴，是病字头呀。

庄曰：游！

下河不辨南北，不下河不识水性。咋整呢？

起步之前，赶紧先把脑子里与爱无关甚至背道而驰的错误观念给清空喽。第一条先放上：爱自己。

综上所述，郑重提醒：入院探视亲友，爱他，就请穿好防护服。

祝爱人们，百年好合。

听来很美，如何做到？来，咱们分步骤执行：

其一，活一百年。

其二，把一百年活好。

其三，两个人都好好地活一百年。

其四，两个人好好地在一块活上一百年。

仔细琢磨一下，难吧？觉得难，是好事。恭喜您！

说明咱开始看路了。

写于2020年3月29日 新冠疫情持续期间

庄子妻死,惠子吊之,庄子则方箕踞鼓盆而歌。

惠子曰:"与人居、长子、老、身死,不哭亦足矣,又鼓盆而歌,不亦甚乎!"

庄子曰:"不然。是其始死也,我独何能无概!然察其始而本无生,非徒无生也,而本无形;非徒无形也,而本无气。杂乎芒芴之间,变而有气,气变而有形,形变而有生,今又变而之死,是相与为春秋冬夏四时行也。人且偃然寝于巨室,而我噭噭然随而哭之,自以为不通乎命,故止也。"

——《庄子·至乐》节选

沈春霞画作《偎依》 岁月如歌,田园静好,你我相依,看白雪化作春潮

寻找初恋的少女

结婚四十多年,我给他生过五个小孩,可他从来没有吻过我。我从没品尝过恋爱的滋味。

坐在下关四坪路小院里,72岁的苗蒹如是说。

苗蒹,是我给她起的化名。她求助媒体想要征婚。接了求助信,我来采访她。

老伴,曾是年轻帅气的军官。

她的妹夫是他的上级。

当年,她短婚初寡,去部队看望随军的妹妹,妹夫给她介绍了自己中意的部下。

不知是否十二分愿意,这位部下答应了,成为她第二任丈夫。

两人聚少离多。丈夫三十多年后才转业,随她落户南京。其时,她已一人带大五个孩子,和六个孙儿孙女。

都老了,他脾气依然火爆。她尽妻子本分,照顾他。

直到几年前,他死了。

儿女们各有各家,孙儿孙女各奔各路。

这世上,没谁需要她来照顾了。

报纸上一则新闻,突然让她活回少女——有位八旬妇人公开征婚成功觅得如意郎君。

八二佳人征新郎,冲破世俗名远扬,引来他乡多情客,共效人间凤求凰。

——她寄给我的征婚信中写了这诗歌,憧憬无限。

访谈回来,我写文章登报。应者如潮。

大量老头跑到报社来找我,还有人送来应和的诗歌。错了,不是老头,是蹉跎了岁月的少年郎。

这火热她始料未及。人太多,如何选择?

报道带来的美化效果,让她一时也忘乎所以:那我就提高征婚标准吧!不仅要健康、自立、有文化,还要有房,退休金达到多少多少……

那时我也没经验,不懂如何帮她拿捏分寸。她怎样讲,我就怎样写出去了。

结果是,如潮而来的应征者,又退潮了。

再问她,也尴尬。说,我这就像高考一样,第一志愿没考取,我就再投第二志愿吧!

后来的处理方式,是把相对符合条件的应征者资料信息,十余人,在初步联络把关后,交给她自己去联系约见。

她的行为,在儿女中产生震动。几天之后,长子作为代表给了意见:妈妈再老,也是有权利追求个人幸福的。我们支持她!

妈妈也有先见之明,个人财产房产之类都作了安排,不给子女后顾之忧。

报道没有持续更多,给她留出空间。后来听说,她找到了一位才子,老爷子文雅风趣,开朗活跃,帅气得很。他俩相处愉快。

再后来,听说她经济上吃了点小亏。大致情形是,她心里喜欢人家,投入付出就会多些,对方未必有同样的回馈给到她,她便觉着失落。他又来哄她,哄到他也乏了,她好了,回过头来又哄他。

于各种贪嗔痴中,练各自的戒定慧。端地看谁先解脱。

再……后来,像很多初恋一样,少男少女痴缠几番,情缘自然化了,散了。

再再后来,不再有她的消息。少女情怀有无续篇,亦不得而知。

始终忘不了她。记忆里最鲜明的细节之一是,初次登报时,为免影响个人生活,她要求在个人照片上打了马赛克。

后反馈良好,没了隐藏身份的必要,她反过来怪我:你看你看,给我登个照片还打了马赛克,我又不是罪犯!

爱死宝宝了。

以所谓悲喜剧来评这事,俗了。那么长的人生,怎么着断章取义论得失,都不对。

佩服她。72岁的追梦少女。破了又怎样,较之于不敢入梦的壁上清醒,梦破归无的清静,才是真清静,更剔透。

以此而言,梦中诸人,陪练而已。而这绮梦,是她自酿的蜜——恋爱的滋味,人家是真尝过了。

写于2016年4月20日

三隐先生摄于崆峒山

人生天地之间,若白驹之过隙,忽然而已。注然勃然,莫不出焉;油然寥然,莫不入焉。已化而生,又化而死。生物哀之,人类悲之。解其天韬,堕其天帙。纷乎宛乎,魂魄将往,乃身从之。乃大归乎!不形之形,形之不形,是人之所同知也,非将至之所务也,此众人之所同论也。彼至则不论,论则不至;明见无值,辩不若默;道不可闻,闻不若塞:此之谓大得。"

——《庄子·知北游》节选

新年好大雪

白天白地白屋顶，白草地白栏杆白树枝。

我戴着白帽子围着白围巾出门了。

其实，中帽子和围巾是——体的。它们的颜色不是雪染的。

你要亲眼看一看，亲自用脚踩一踩↓，再扎扎实实摔上一跤，才会知道这雪有多大。

伸出舌头来尝它的凉，尝不着。哦，要屏着气，不呼吸，一丝丝凉就来了。忽然，哈出的热气让雪花在舌苔上就投降了。

复成桥的栏杆上，雪厚厚地卧着，等我去抓。

我就去抓了。我搓成团，往河里掷去。河水欢快地笑到这游来～～～……

再抓、再搓、再掷。更远呢。又一圈圈连游旷数）））

我一连掷了五个，一次比一次远。哈哈，今天还真厉害。

再搓最后一个，我不往河里扔了。我仰到头上去。于是，头上开始下雪了。

路边有只狗，穿着红背心。狗主人在旁边。他的头缩在帽子里，手缩在袖子里，身子缩在羽绒袄里，往外呼着哈气。

我朝狗笑，狗看我一眼，跑了。我朝狗主人笑，他没看到我。

他追狗去了。

我上班去了。

写於 2011年1月20日
南京银山大厦19楼
2020年9月 手抄 四味之

177

无为名尸,无为谋府,无为事任,无为知主。

体尽无穷,而游无朕。

尽其所受乎天,而无见得,亦虚而已。

至人之用心若镜,不将不逆,应而不藏,故能胜物而不伤。

——《庄子·应帝王》节选

沈春霞画作《有信》 待北风吹过山那边去,春水将照见燕子归来

由它由它都由它

起风落雨了
风也由它
雨也由它

栀子花开了
开也由它
败也由它

琅琅童声 聒噪的鸭
静也由它
闹也由它

白日的灯 暗夜的星
明也由它
灭也由它

天要下雨 娘要嫁人
猫要叫春 树要发芽
都由它

吴聪灵摄于南京浦口凤凰山公园

有时隔岸看戏
倏忽忘了身家
嬉笑怒骂
幕已落 车难煞
也由它
由它

我说
呶
它
我也成了它

没我也没它
没也没啦

写于 2011 年 6 月 10 日

颜回曰:"回益矣。"仲尼曰:"何谓也?"曰:"回忘仁义矣。"曰:"可矣,犹未也。"他日复见,曰:"回益矣。"曰:"何谓也?"曰:"回忘礼乐矣!"曰:"可矣,犹未也。"他日复见,曰:"回益矣!"曰:"何谓也?"曰:"回坐忘矣。"仲尼蹴然曰:"何谓坐忘?"颜回曰:"堕肢体,黜聪明,离形去知,同于大通,此谓坐忘。"仲尼曰:"同则无好也,化则无常也。而果其贤乎!丘也请从而后也。"

——《庄子·大宗师》节选

一面镜子的自照

地与天 都静了下来

你是后来才发现

比天地 先静下来的

是自己

一些声音和画面

海市蜃楼般浮现

又如水墨次第消隐

它们 来自记忆的源头之先

还是沉于念湖的

倒影重现

既是 刹那生灭

何必思量

一面镜子

原本不需要照见自己

你静默成一棵树 一块石

与树与石与地

与天 融而为一

与所有打包隐存的声音和画面

融汇成海

你安静成一面镜子

看波澜壮阔的海面

和海面之下

看见

宁静深邃的海底

是另一面镜子

海底的大陆 连着脚下的土地

海面的浮光 托着

头顶的镜天

和浮光般的 云朵

这坚实的联系

不以为然的神秘

令你 淡淡欢喜

天与地 融入

更为博大 不可言说 属于镜面的

深邃与宁静

写于2018年12月9日

以道观之,何贵何贱,是谓反衍;无拘而志,与道大蹇。何少何多,是谓谢施;无一而行,与道参差。严乎若国之有君,其无私德,繇繇乎若祭之有社,其无私福;泛泛乎其若四方之无穷,其无所畛域。兼怀万物,其孰承翼?是谓无方。万物一齐,孰短孰长?道无终始,物有死生,不恃其成;一虚一满,不位乎其形。年不可举,时不可止;消息盈虚,终则有始。是所以语大义之方,论万物之理也。物之生也,若骤若驰,无动而不变,无时而不移。何为乎?何不为乎?夫固将自化。

——《庄子·秋水》节选

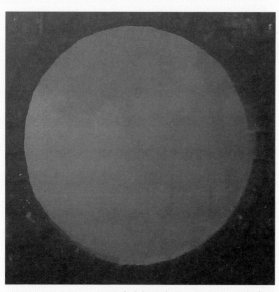

三隐先生摄于金华三十六洞天-朝真洞

开窍,关窍

(一)

先以为,是黑色幽默的故事。

——南海之帝儵与北海之帝忽,为报中央之帝浑沌的善待之恩德,决定帮浑沌开出七窍来。于是一天开一窍,七天后,把浑沌给开死了。

这故事,竟安置在庄子内七篇《应帝王》之末,可谓一死收篇。

是儵忽报恩多余,还是浑沌之善朴不该?两下自然,原本无可厚非。

以辞义论,时间感、七窍之视听食息,皆为浑沌一元状态中所不知觉。象罔探玄珠,靠的正是这"一窍也不开"的灵明性体。

开了七窍,执着于声闻之见,则玄珠之光渐泯。此亦内丹炼养要义。

故事而已。所谓浑沌死,譬喻也,指告别了一种生命状态。

(二)

无视听食息,是生命。有儵忽七感,也是生命。《南华经》中,两极相较的故事俯拾皆是。有用无用,哭之笑之,庖丁游刃,神龟曳尾,盗跖批孔,木鸡独胜,罔两问影,庄周化蝶,薪尽火传,临尸而歌,江湖相忘……玩的,莫不是以无应有的把戏。

是谓:游世。

浑沌开七窍,历来解说众多。惟此说入心:历劫说,或曰:涅槃说。

(三)

想人之初生,悉皆浑沌,七窍渐开,尘识沓来,迷失本心者而沉沦者也罢,幸返先天而跃迁者也罢,到末,都将这认假为真的形骸脱下,回归乌有之乡。且,你生命经验最丰富、入世之技巧方法运用最纯熟时,却也是形骸最衰朽、运用全无着之际。

可不正是浑沌之元识,于倏忽间给生生凿开,一步步向着更"精明"的所在,以为是多么华丽的献唱,却迎来猝不及防的谢幕。

既如是,何必有此一遭?

逍遥而游,齐物与论,养生自主,人间入世,乃至德充运符,成大宗师,以应帝王,这般七窍渐开的过程,却是七窍开了,浑沌死了。

何必?

又有"成、住、坏、空"之说。一个世界乃至事物之成立、持续、破坏,而后并非一无所有——已化生出了另一形式的事物。

鲲之化鹏,浑沌开窍,同理同质也。好比雏蛋破壳,形式上的坏,实是新生命的诞生。

或可曰,这是喜事。

（四）

一味自喜，易成盲目乐观。

雏蛋破壳并不都可诞生新生命——从外面打破的话，只会流出蛋液。以内在生命力应合外部条件，自主破壳的，才可开创新生命。

顺为凡，逆为仙。仙者，自我生命阶层的主动跃迁者。

顺逆颠倒间，步步跃迁。一丝一毫不可依着。

鲲既化鹏，则为另一重天地的鲲。而后，要么执着于既有形态而坐失阳能充盈之机，要么，九万里御风，再度扬升。

死死生生，逍遥齐物皆在其中，浑沌倏忽俨然一体。

合三归一也罢，逢七蜕变也罢，莫不是生命形态以二进制之规律，不断转换。

我于此间，但致中和。

（五）

上士处真常应万物，勤行不息者，不过如是反复：清零，前行。

写于2019年8月18日

南海之帝为儵,北海之帝为忽,中央之帝为浑沌。

儵与忽时相与遇于浑沌之地,浑沌待之甚善。

儵与忽谋报浑沌之德,曰:"人皆有七窍以视听食息),此独无有,尝试凿之。"日凿一窍,七日而浑沌死。

——《庄子·应帝王》收篇

北冥有鱼,其名为鲲。鲲之大,不知其几千里也;化而为鸟,其名为鹏。

鹏之背,不知其几千里也;怒而飞,其翼若垂天之云。

是鸟也,海运则将徙于南冥。南冥者,天池也。

——《庄子·逍遥游》开篇

为谁燃灯

(一)

2018年8月19日晚,首期昭灵夜话开场在即。昭灵观玄素道长突然说,想喝苏打水。

就出了道观去买水。

回来,众人围坐圜堂,心灯于场中央亮起,等他来主持开场。

道长面色凝重:为道观捐建观音殿的徐老,就在17、18号这两天,走了。

"我说怎么突然就想要去买苏打水。原来,是要得到这个消息。"

就说徐老生平。

孤儿出身。曾当过乡村的干部,因为人耿直,不适应官场,辞职回家。和老伴一道做卤菜卖。

想到那句话:当官不为民作主,不如回家卖红薯。卤菜做得安全好吃,于人,倒是切实的惠利。

道观未建成时,他常来此看望道长。有一天,就捧了十万元钱,说要捐建观音殿。

"他是第一个给道观捐钱建设的人。我都不知道,他这十万块钱是怎么来的。他不是富人。有了他这第一笔捐款,道观的建设才正式启动。现在,道观建好了,大家来了,他走了。"

首期昭灵夜话,如是开场。

话题穿越生死,一时想到很多生命。未便搭腔,怕吓着周遭的同学。

众人开始谈光。谈在院中柏树下感应到的各种奇幻之光。

想到做临终关怀期间,我送走的那些生命。有一阵子,每个陪过的老人走时,都会以光彩的形式,来和我告别。也有时,是一阵笑声,或通天彻地唱诵的声音。

他们,走出了时间。

内观外应的感光经验,初时易令人着迷。久了方知,一切外相皆不可贪逐,更重要的,是心地清净光明,切实走好脚下的路。

此际想到徐老,不免感恩,祝他离尘之路安好。

您此生肉身使命达成,何尝不是法身使命之新的起点——今夜圜堂之心灯,因你,而为我们点亮。

(二)

三年前初至道观,圜堂处是个旧仓库。夏末,道长穿着凉鞋奔走半天,终于得空,坐在仓库门口的树荫下,给我们泡茶,说早期艰难。

熬了几年,居然活着挺了过来。居然,有了今天这模样。

倘说,道观的从无到有,是道长于此地之内炼通关,则徐老等人,是行愿护持的同道,一体荣光。

从仓库到圜堂,此地主体建筑外观形态未有大变化。其功能迥然不同。

仓库所容存者,物资也。圜堂所容存者,恰是各种光——静定内省者之心光。

这种由物质供养而至性灵涵养的功能转换,是仓库功能的跃迁。

来这里的人呢,如何跃迁?

在道观二日,所到之处,最令我安宁的,即是圜堂心灯处。每晚,各人歇息后,我会默默在那待一会,或向那盏灯拜几下。就觉彼时,护持这一方道场的生灵,天上和人间的,都与我,悉归清静。

一盏心灯之微光,消弭了时间与空间的界限。

(三)

徐老是8月17日当天出门,次日被人发现死在田边的河沟里的。

这二日,风雨大作。

17日晨,我与朋友一行三人,从南京往道观来。我们在车上诵《金刚经》,应和车窗外的风雨雷电。

中午抵达道观,风停雨住。

不知那时刻,老徐又在经历些什么。

他离去的方式,让人产生各种说法。意外说。受苦说。挡灾说。殉道说。等等。

也有人说,这种死法,像他的性格。活着,不愿麻烦任何人;走时干脆,不麻烦别人,自家亦不必抱病受苦。

不同说法,显示说者的不同视角。

承他恩惠,我感谢他。不知他为何要出资支持道观建设,只知他此举,于我有恩。

来新道观瞻仰者众,远超过未建之前的护持者。也正常。人的世界,向来是锦上添花者比雪中送炭者多。

新道观方便了信众来此祈拜。有人供养香火,求神灵庇佑以得平安福禄。也有人求请众神,让他们活出神灵的爱与智慧、清静光明。

是为,向光神灵,燃我心灯。

在道观工作的高军民老师说,第一次见徐老,对方严肃认真地和他讨论,要如何做一个正直的人。

仅此一语,老徐活进他心里。金风玉露一相逢,便胜却人间无数。

正直的人,不计较活法死法,只管正直。

要如何做个正直的人,不偏不倚,不蔓不枝,发自心之光,续先贤行迹,引后来者众?

倘你从未想过,此际或是缘起。

写于2018年10月2日 南京 多云

古之真人,不知说生,不知恶死。其出不䜣,其入不拒。

翛然而往,翛然而来而已矣。不忘其所始,不求其所终。

受而喜之,忘而复之。

是之谓不以心捐道,不以人助天,是之谓真人。

若然者,其心志,其容寂,其颡頯。

凄然似秋,煖然似春,喜怒通四时,与物有宜而莫知其极。

——《庄子·大宗师》节选

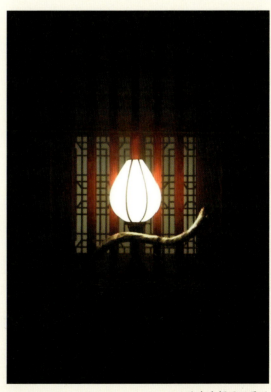

三隐先生摄于昭灵观

万物生·七重奏

序

与春霞因画相识,见证她一路风格变换与天性飞扬。其变者,画鞋画荷、风景静物、山水写意抽象奇幻格局渐开;其不变者,山姑娘行走天下,始终旁若无人,只为自家欢喜而画。

余所好者,以春霞9m×3m巨幅画作《万物生》最为销魂。

昔年画作初就,余往视之,入室乍见,即莫名欢喜。当时许诺,待大作竟,余将撰文。

数月后完工,见画大笑如故。

与春霞共饮自酿葡萄酒一瓶,画前醉舞,稍顷才思骤涌。登梯对画,一朵朵荷花看过,落笔而书,遂有《万物生·七重奏》。

沈春霞画作《万物生》

(一)

一粒光从天上来。落地生莲。

绽放为盛开的火焰。

粉是少女的腮,是情窦初绽的甜。

金是招摇的蕊,是迎风四散的香。

绿是亭亭荷茎,奏通天的笛。一曲歌吹,四时沉醉。

醉里有母亲饱满的乳,滋养着弹指欲破的她自己。

蛙嬉蝶舞,鱼翔浅底,谁人成为自己的王,领众臣朝拜阳光,诵曰:

——天上地下,唯我独尊。

(二)

阴阳相和,世界从此完整。

是种籽与土地的相遇,是花与泥的相望,是莲与藕的相依,是他与她的相伴。

或母仪天下,慈悲庄严;或君临天下,指点江山。人间由是得福,夜里酣梦,日间清欢。

莲籽对藕说,我是昨日的你,你是明日的我。

藕对莲子说,啊呀,本来一般模样,论什么高下短长。

却说高下短长,只为打发这光景,轮换着玩。

194

小荷一乐,笑绽了自己,往外逸她的香。

(三)

琴棋书画。柴米油盐。烟火人间。儿女情长。我爱这男欢女爱的小道场。爱母亲微隆的腹孕育明天的王。

月白风清。鸟鸣花香。瑶台草绿。天清地朗。女儿家最爱有情郎。

从你的眸子里,我照见自己的光。在我的旋舞中,歌声飞去天堂。

除却喜乐相亲,别无闲事可挂肠。

莲蕊金灿灿,发疯一般生长。精灵赴盛会,舞到忘了时光。

歌未尽,舞在旋。风的耳语无人听见——

嘘,静一秒钟,听听蟋蟀的歌唱!

蟋蟀说,无妨无妨,没人来听,我也一样唱。

(四)

一支短笛奏响田园秋收的序曲。仿佛四季更迭,只为酿金秋这坛收获的酒。

弯腰是最美的姿势。最美是沉甸甸的谷。是收割的农妇,鞠躬答谢土地丰厚的馈赠。

咸的汗洒落大地,甜的歌飘去天上。仙子说,庄园如此丰盛,我也要来捧场!

莲枝挥动,真香沉降,农人无端朗笑,开怀,抖落一季的疲倦。

老牛也心欢。不能舞,不能唱,只把蹄儿轻抬,抚弄草尖。

孙儿玩倦了,伏在爷爷背上归去。情人歇工了,一对对跑去花阴里密谈。日头西坠了,一缕炊烟伸臂过来,将劳作的人群往家赶。

一只从早上就开始表白的蜉蝣,爱语沾了晚露才被听见。它心满意足:我来过,我爱了,现在我可以去死了。

明朝醒来的人呀,是新生的他自己。

(五)

爱足了自己,我便知如何爱你。

独舞或共舞,舞不尽的是欢喜。

牵手旋舞时,阳光见证你的神采。

各自安心时,明月记取我的美丽。

咫尺天涯,我们始终在一起。

为石,为木,为蝶与花,为夜行的精灵,你是否和我一样确认,我们活在同一个生命里。

莲茎中通外直,亭亭不语,擎如来掌的叶,凝珠滴露。

每滴,都是第一滴。

（六）

玉米是植物中的男人。

成熟时，就擎起他坚实的一柱，向天吐穗，回馈大地以粒粒种籽。

一望无垠的玉米地，是一群成熟的男人，是坚定饱满阳刚的海，是自信勃发的金色光芒。

一大片玉米倒下，一千只玉米棒子掰下，一百万粒玉米归仓，为种，为粉，为馍，滋养故乡，年年岁岁奉献琼浆。

母亲的乳更丰沛，爱人的吻更甘甜，兔儿狗儿猫儿的梦，更酣。

蟋蟀不知疲倦奔走，因那收割后的土地上，赐予它惊喜不断。

不等它把整块地走完，第二茬玉米又坚挺起来了。它听不懂村夫农妇鲜活热辣调笑的疯话，夫妇们肆无忌惮的笑，让它莫名驰神，想念某夜璀璨的星光。

（七）

人间太美。玉兔回还。

嫦娥临出发时，带回一缕广寒宫的月光。

大地筑起瑶台，长发广袖的精灵呀，醒也舞，眠也舞。

以舞庆祝生，以舞庆祝死。

舞在石里，木里，花里，鸟与兽的梦里，众生的每个细胞里。

是光，不生不灭。

仿佛嫦娥与兔不曾归来。

仿佛不曾有谁离去。

仿佛不曾有过嫦娥。

仿佛不曾有月宫广寒。

不曾有谁说这不曾……

（升调）

万物死过千百万次，还没活够。

我活过千百万次，这回爱够。

爱过的我，不死。

我是爱，活在万物里。

当万物光照彼此，我是每一样。也是你。

你是一粒光，从天上来。

落地，生莲。

　　　　　　写于2017年1月25日 南京龙山 春霞画室

天地有大美而不言,四时有明法而不议,万物有成理而不说。

圣人者,原天地之美而达万物之理。

是故至人无为,大圣不作,观于天地之谓也。

今彼神明至精,与彼百化。物已死生方圆,莫知其根也。

翩然而万物,自古以固存。

六合为巨,未离其内;秋毫为小,待之成体;

天下莫不沉浮,终身不故;阴阳四时运行,各得其序;

惛然若亡而存;油然不形而神;万物畜而不知。

此之谓本根,可以观于天矣!

——《庄子·知北游》节选

你是庄子

书稿封面画作,即是《万物生》。

此画得来偶然。

某天,春霞想画幅大画。确定尺寸铺开白布,扑上去就有了火焰般的一朵莲。然后,在白茫茫空间里一点点拓展。想到哪画到哪,想改哪就改哪,越画越开心。

某天觉得行了就收笔,刚好七朵莲花。

不久,听到那首《七朵莲花开》的歌,有泪。

后,我依画行文沉醉其中。一朵朵写来,居然,与她画花的顺序完全一致。

此画入书,也是偶然。

书稿整理大半,某天我与春霞说,曾有过想请她配画的念头。她开心:我来!

她不知道,我花了好些时间,才消化这鲜明充沛的气息融入文本。

大众眼中"恬淡虚无白衣飘飘风吹长须不接地气的庄子大仙人",要如何与画中这些大雅大俗的极致香艳浑然一体?

已被众人固化了形象的庄子,突然变作花枝招展的女郎,栩栩然若蝴蝶——她说,庄子也可以是我这样的。

如何接受?

后来要消化的更多。后续环节的征求意见,诸说相左纷至沓来。

清静下来,等答案自己浮现,乃得笃定。哪有所谓完美答案,是笃定了,方可甘于眼前。

庄子说无用,无名,无功,无己,我于此书,则有了"甘于无知"的体验。

从庄子到蝴蝶再到庄子的切换,不也正是"无知、无名、无功、无己"才可得的"栩栩然"之活泼生机绽放?庄之乐,蝶之乐,破除人与蝶的形质分别,真正不变的,是全无预设的存在性快乐本身。

不是设快乐为目标——那等于设定了达成快乐由此到彼的时空距离,和不快乐的当下。

若我理解恰当,则庄子所谓至乐,不拘囿于任何形质。那是不依凭任何依他情境生灭的,生命自有自得之乐。独乐乐,众乐乐,我之乐,鱼之乐,同乐也——以自得之乐为圆心,应机扩散的涟漪而已。

故,您读文至此,亦可放下书本,回视自心一点活泼生机。舍此还有谁是至乐真人。

会心处即是本尊。化蝴蝶,逍遥此生。

速写三篇（代后记）

作者：imhere

开悍马的嫦娥

春霞姐姐常年住在山里，进城的时候，给我送过很肥的鸭子和很大的鹅蛋。

她46岁开始画画，奇迹般自学而成，有如天助。

她画花，画万物生长，画花里的神仙。一开始，你以为这是她的巧思创意，后来你发现，这就是她对世界的观测，毫无神秘离奇可言。

沈春霞在创作中

她喜欢鲜艳的锦绣云裳——黑发过腰，彩袂飘飘，嫦娥一样走过她的桂花树、苹果树、柚子树。在山庄，她是自在的"仙女"，进城，就变成紧张无措的"山女"。她说，要么是她听不懂别人的话,要么是别人听不懂她的话。所以,她喜欢待在山里,一天八小时像农夫和绣女一样劳作在她的画上,造出她的蝴蝶、荷花、池塘里的蛙。

我眼中她最性感的样子,是她穿着绣花鞋,跨进钢铁悍马,羽衫罗裙,稳稳地一脚踩下油门。

人生的一大幸运,就是你遇到那些超出人设的真人秀,活色生香地拓宽了你的眼界,并让你生出自省和惭愧。

聪灵如美玉

人生的美事之一，是你始终有一位镜子一样的朋友。每有不太确定的心理状态，我会找她确认。得到的确认是自己的确认，心安了，得到的质疑是自己的质疑，也心安了。

十多年前初见聪灵，真的是"灵气逼人"，文章写得好就不提了，唱歌、弹琴、笛子、相声，即兴就来。最让人佩服的是会吃，跟着她凭直觉找的饭馆从来没有失望过。她是伶牙俐齿的段子手，心地光明的奇女子。"独与天地精神往来"是她的签名档，"独"得很特别——穿过道袍，也剃过寸头。

"白猫死后，这只猫也躺在白猫身边死去，再也不用活过来。"《活了一百万次的猫》是当年她一再推荐给我的绘本。一只猫死了一百万次，又活过来一百万次，直到它深深爱上一只白猫。她说她就是那只活了一百万次的猫。我总觉得，她羡慕的是那只白猫。

她说想写一本关于临终关怀的书——生死一直是她感兴趣的话题，从媒体记者到临终关怀公益人，经历了许多故事，告别了许多人，也一再告别曾经的自己。其间她陆续改过几次书稿，每一稿都是蜕变。没想，最后成书的是一本庄子的学习文集。

六年前，上过她设计主讲的一堂公益课，主题是"接纳死亡，活出全然的生命"。她让每个人设想，假如已是到人生的最后一天，这一天将如何度过。由生看死，梦幻泡影；由死看生，一期一会真美。观测方向不同，风景迥然相异。记得那天看着她清澈的眼睛，我写下的课后感言是：要做一个更美的人。因为，这样才会安心啊。

　　庄子的生死观,是有限放进无限。生不是开始,死不是结束。庄周梦蝶,出生入死,美和智慧抚慰人心。

　　现在读聪灵的书稿,依然会涌起初见时的叹服——元气充沛,通感发达。当年是"一行白鹭上青天"的亮丽峭拔,如今更有一种看好脚下、蓬勃生长的坚定沉稳。

　　依然是,"独与天地精神往来"。"独"得很自在,就象她现在的微信头像——素衣红唇,美玉温润。

　　嗯,其实,真的很象那只白猫。

庄子的观测点

很多人都看过一张动态图,从地球上的一个巨大物件开始,镜头向后无限拉开——庞然大物渐渐变成玩具模型、变成蚂蚁,变成小黑点,消失不见。接着,整个地球、整个太阳系都依次尘埃般消失于无垠宇宙。宇宙依然瑰丽璀璨。

遇到不顺的时候,我的脑子里会开启这张动态图的高清放送。当观测点无限后退、提升、扩大,一切呈现出更完整的存在,疗愈效果好过任何让你强打精神的鸡血神汤。

看见真相,方得自由。真相,是基于足够大的观测视野、足够多的观测维度。

庄子在两千多年前,就用智者的高分辨率,自如切换的观测视角,描绘出一幅多维度宇宙高清图,它可以无限大,也可以无限小;它跨越时空、生死、梦境,打破天地人之间固有的定义和壁垒。你可以俯仰伸缩这张图,更可以把自己切换成图上的任意元素去感受并无限丰富每一处细节。

原来,一切,不过如此。原来,万物,皆有可能。所有的留白,都在完成起承转合。野马也,尘埃也,生生不息。

所谓逍遥和自由,是因为可以读取到最多信息,看到更多可能性,从而握有更多选项时的笃定。可为,可不为;可用,可无用。

可较劲,可扯脱;可精熟,可笨拙;可以成为智者,可以做回废物。

因为选择而成为这样的自己,再多筹谋也抵不上一句"我愿意"。

《活过一百万次的猫》的作者,69岁的佐野洋子,被医生告知最多可以活两年。她决定中止化疗,从医院回家的路上,爱车的她给自己买了一辆心仪已久的绿色捷豹。

生命往复不息,于自己,终究是永远不再来的这一次。哪一种用力是深情,哪一种深情是执拗?何时的愿意叫任性,何时的任性叫自由?

按下确定键的那一刻,真正的自由,是已然接纳下了所有的限制。

佐野洋子说:"我曾经下定决心,一辈子都不要在意他人的眼光,但没想到他人的眼光就深藏在自己心里。真伤脑筋。我的胆量输给了他人的眼光,只好独自低着头,走在小巷内。我一直自我期许,即使老了,走路的姿势也要挺拔。对方竟然说:你走路干吗一副神气活现的样子?"

幸好还有庄子,接得住那些虚荣和局促、失手与破绽。月下披云一声啸,意味深长又美不可挡。即使"杀敌为零,自损八千",在庄子的无限游戏里,没有裁判,没有输赢;生死可以相续,真假可以对调,自我可以更新晋级,剧情可以随时翻转——这,真让人如释重负。

余韵

静定乐性
清正空明
本合虚灵
心行归隐
道德化身

——易空明 赠